케이크
데커레이션
바이블

Cake Decoration Bible

케이크 데커레이션 바이블

Cake Decoration Bible

Cake Decoration Bible

머리말

현대 사회는 인간이 단순하게 배고픔을 느끼고 그 배고픔을 메워 주던 단계를 벗어나 오감을 만족시키는 음식 문화로 자리 매김을 하게 되었고, 오감 중에서 가장 중요한 시각을 통한 만족감을 느끼게 하기 위한 데커레이션의 필요성이 그 어느 때보다 가장 주목 받게 되었다.

비록 양과자와 빵은 100여년 전 선교사를 통해 우리나라에 도입되었지만 최근 2014~15년 연속으로 두 번에 걸친 기능 올림픽 제과 부문에서 막강한 강적 프랑스와 일본을 제치고 금메달을 획득함으로써 우리나라 제과 제빵 부문의 수준이 전 세계에서 인정받게 되었다.

이렇게 제과 제빵이 주목 받는 시기에 우리나라를 대표하는 데커레이션 부문의 기술인들이 각자가 보유한 기술을 모아서 한 권의 책으로 승화시키는 것에 대해서 필연적인 의무감을 느끼게 되었다.

각자의 바쁜 생활 속에서 일들을 희생하고 오로지 반듯한 책 한권 만들고야 말겠다는 의지와 집념으로 저술에 힘써주신 각 부문 빵과 케이크의 전문가들께 새삼 이 지면을 빌어 노고에 감사를 표하는 바이다.

요즈음 젊은이 들의 관심이 음식문화이고 그 관심을 밑거름으로 음식문화가 엄청난 속도로 발전되고 있다는 것은 우리 모두가 주지하고 있는 사실이다.

이러한 젊은이들에게 과자에 대해서 이해를 돕고 음식은 반드시 입으로만 먹는 것이 아니고 눈으로 감상하며 먹을 때 좀 더 색다른 맛을 느낄 수 있다는 것을 알리고 눈으로 즐기기 위하여 어떤 장식을 어떻게 표현하는 가에 대하여 알리는 것이 이 책에서 가장 강조하는 내용이다.

앞으로 좀 더 많은 젊은이 들이 과자와 빵에 대하여 관심을 갖게 하고 데커레이션에 대하여 이해도를 높여 기술을 습득함으로써 전 세계를 무대로 한국인의 우수한 손재주로 선두 주자가 되는데 이 책이 조금이라도 도움이 되었으면 한다

저자일동

Contens

chapter 01 케이크 디자인(Cake Design) / 12

- 디자인의 구성요소 / 12
- 디자인의 구성원리(Design Principle) / 15
- 색의 체계 / 16
- 먼셀 색체계와 HUE & TONE 120 Color System / 30

chapter 02 버터 & 머랭(Butter & Meringue) / 32

- 케이크 데커레이션에 사용하는 재료와 도구 / 34
- 생크림 및 유가공 크림의 종류 / 34
- 생크림의 제조공정 / 35
- 식물성 크림의 제조 공정 / 35
- 가공유크림의 제조 공정 / 35
- 휘핑크림의 휘핑원리와 취급관리 / 35
- 버터크림(Creme au beurre) / 36

생크림(Chantilly Cream) 만들기 / 39
버터크림(Butter Cream) 만들기 / 40

- 데커레이션에 사용하는 기본 도구 / 42

스패튤러 사용법 / 43
짤 주머니 접는 법(유산지) /44
짤 주머니 접는 법(비닐) /45

- 케이크 아이싱하기 /46

원형 케이크 아이싱하기 / 46
원형 케이크 아이싱하기(삼각콤 사용) / 47
돔형 케이크 아이싱하기 / 48
시폰 케이크 아이싱하기 / 50
사각 케이크 아이싱하기 / 52
하트 케이크 아이싱하기 / 53
크림 짜기 / 54

- 기본 깍지의 다양한 모양 알아보기 / 54

원형 모양깍지 짜기 / 55
별 모양깍지 기본 짜기 /56
별 모양깍지 8자 모양 짜기 / 57
별 모양깍지 연속 짜기 / 58
가는 선 짜기 / 59
다양한 모양 짜기 / 60

- 글씨 쓰기 / 68
- 실용 케이크 / 70

케이크 완성품 / 70
생크림 꽃 케이크 / 73
생크림 생화 케이크 / 74
생크림 딸기 케이크 / 75
생크림 동물 케이크 /76
스위스 머랭꽃 케이크 / 77
생크림 & 버터크림 케이크 / 78
버터크림 꽃 케이크 /79

- Meringue / 82

토끼 · 강아지 / 82
다람쥐 / 84
코끼리 /85
비둘기 / 86
학 · 병아리/ 87
오리 /88
사슴 / 89
천사 · 카네이션 / 90
등꽃 / 91
장미 / 92

• Cake & Macaron / 94

과일 케이크(Fruits Cake) / 94
버터 스펀지(Butter Sponge) / 96
초콜릿 버터 스펀지(Chocolate Butter Sponge) / 98
홍차 시폰(Earlgrey Tea Chiffon) / 100
초코 머핀(Chocolate Muffin) / 102
레몬 마카롱(Lemon Macaron) / 104
레몬 크림(Lemon Cream) / 106
초콜릿 마카롱(Chocolate Macaron) / 107
초콜릿 가나슈(Chocolate Ganache) / 110

chapter 03 슈가크래프트(Sugarcraft) / 112

• 슈가크래프트의 기본 이론/ 114
• 슈가크래프트의 역사 / 114
• 슈가크래프트의 도구 및 재료 / 116
• 슈가크래프트 기본 기법 / 118
• 슈가크래프트의 기본 반죽 / 120

슈가크래프트 페이스트(Sugarcraft Paste) – Covering Dough / 120
슈가크래프트 페이스트(Sugarcraft Paste) – Flower Dough / 122
로열 아이싱(Royal Icing) / 124
커버 씌우기(Covering) / 125

• 슈가크래프트를 이용한 플라워기법 및 케이크 / 126

와이어드 플라워(Wired Flower) / 128
장미(Rose) / 126
작약(Peony) / 128
수국(Hydrangea) / 130
글로리오사(Glory Lily) / 132
스카비오사(Scabiosa) / 134
양귀비(Opium–Poppy) / 136
달리아(Dahlia) / 138
클레마티스(Clematis) / 140

풀드 플라워(Pulled Flower) / 142
아네모네(Anemone) / 142
프리지어(Freesia) / 144
옥시(Oxypetalum) / 146

멕시칸 햇 플라워(Mexican Hat Flower) / 148
수선화(Daffodil) / 148
체리블라썸(Cherry Blossom) / 150
허니서클(Honey Suckle) / 152
은방울(May Lily) / 154
콘플라워(Corn Flower) / 156

심플 플라워(Simple Flower) / 158
스위트피(Sweet Pea) / 158
마거리트(Marguerite) / 160
카네이션(Carnation) / 162
해바라기(Sunflower) / 164
거베라(Gerbera) / 166
카라(Calla) / 168

케이크 장식 / 170
프릴(Frill) / 170
리본(Ribbon) / 172
드레이프(Drape)/ 173
스모킹(Smocking) / 174
익스텐션(Extension) / 175
라인웍(Linework) / 176
브러시 엠브로이더리(Brush Embroidery) / 177
레이스워크(Lace Work) / 178
자수(Tube Embroidery) / 179
런아웃(Runout) / 180
십자수(Cross-Stitch) / 181

chapter 04 에어브러시 기법(Air Brush Technique) / 184

- 에어브러시 기법(Air Brush) / 186
- 에어브러시 도구 / 187
- 에어브러시 사용법 / 187
- 밑그림 준비 및 마스크 투각작업 / 188
- 기초 표현 작업 / 188
- 제품 응용 / 190
- 에어브러시 응용 / 192

chapter 05 설탕 공예(Sugar Craft) / 194

• 설탕 공예 기본 방법 / 196

쉬크르 띠레(당기기 기법) / 196
쉬크르 꿀레(붓기 기법) / 196
쉬크르 수플레(불기 기법) / 196
리본 / 197
파스티야주 / 197

• 프랑스식 설탕 공예 이론 및 레시피 / 198

사티나주 / 198
기본 기법 용어 / 198
이소말트 / 198
파스티야주 / 199

• 작품 / 201

바다(Sea) / 201
장미(Rose) / 202
다람쥐(Squirrel) / 204
벌(Bee) / 206
킹콩(Kingkong) / 208
카우보이(Cowboy) / 210

chapter 06 빵 공예(Bread Craft) / 212

• 빵 공예의 기초 / 214

빵 공예에 사용되는 기본재료 / 214
빵 공예 반죽 만들기 / 214
빵 공예 배합률 / 216

• 작품 / 218

인디언(Indian) / 218
전사(Warrior) / 219
피터팬(Peterpan) / 220

chapter 07 초콜릿(hocolate) / 222

- 카카오에서 초콜릿이 되기까지 / 224

카카오의 전파 / 224
카카오란? / 224
초콜릿의 제조 과정 / 225
초콜릿의 종류 / 225
초콜릿의 일반적인 배합 예 / 226

- 초콜릿의 사용 / 226

템퍼링(Tempering) / 226
초콜릿의 작업 및 보관 / 227

- 초콜릿 이론 / 227

초콜릿의 역사 / 227

- 초콜릿 봉봉(Chocolate Bonbon) / 227

초콜릿 봉봉의 기초 / 227
초콜릿 봉봉 데커레이션 / 228
몰드 초콜릿(Moulding) / 229
초콜릿 템퍼링 방법(대리석법) / 231
가나슈(Ganache)란 무엇인가? / 232
아니스 가나슈(Anis Ganache) / 232
캐러멜 가나슈(Caramel Ganache) / 233
산딸기 가나슈(Raspberry Ganache) / 234
얼그레이 가나슈(Earl Gray Ganache) / 233
레몬 가나슈(Lemon Ganache) / 235

- 초콜릿 공예의 기본요소 / 237
- 초콜릿 공예 / 238

초콜릿 플라스틱 장미 / 238
초콜릿 장미 / 238
초콜릿 넝쿨 / 238
초콜릿 잎새 / 239
초콜릿 장미 완성 / 239

- 초콜릿 데커레이션 장식물 / 239

리본 / 239
잎새(추상) / 239
나선형 링 / 240
나선형 링 / 240
스파이럴(연속적으로 돌아가는 모양) / 240
부채 만들기 / 240
시가렛(말린 막대 모양) / 241
듀오 시가렛(화이트 + 다크) / 241
초코 플라스틱 장미 / 241
아침(Morning) / 242
해골(Skull) / 244
마지팬 / 246

chapter 08 마지팬(Marzipan) / 246

마지팬이란 / 248
마지팬의 재료 – 아몬드 / 248
마지팬의 기본 반죽 / 249
마지팬 반죽 만드는 법 / 249
마지팬의 기본 도구 / 250
마지팬 꽃 / 251

- 마지팬(Marzipan) - 동물 / 252

강아지 / 252
닭 / 254
기린 / 255
원숭이 / 256
코끼리 / 258
개구리 / 260
양 / 262
사자 / 263
토끼 / 264
돼지 / 266

- 마지팬(Marzipan) - 과일 / 271

사과 / 271
배 / 272
복숭아 / 272
체리 / 273
피망 / 273
바나나 / 273
딸기 / 274
귤 / 275
참외 / 275

• 마지팬(Marzipan) - 인물 / 278

잔칫날 / 278
베이비 슈즈(Baby Shoes) / 280
아이싱 쿠키(Icing Cookie) / 281
각설탕(Sugar Cubes) / 282

chapter 09 앙금플라워(Flower Sediment) / 284

• 색을 더하는 재료 / 286

노란색 계열 / 287
붉은색 계열 / 287
녹색 계열 / 288
검은색 계열 외 / 288

• 떡 케이크 / 289

백설기 / 289
흑임자 설기 / 290

• 앙금 플라워 / 291

동백꽃(Camellia) / 292
장미(Rose) / 293
라넌큘러스 1(Ranunculus) / 294
라넌큘러스 2(Ranunculus) / 295
국화(Mum) / 296
리본로즈(Ribbon Rose) / 297
아네모네(Anemone) / 298
폼폰국화(Pompon Chrysanthemum) / 298
작약(Peony) / 299
솔방울(Cone) / 300
수선화(Daffodil) / 301
튤립(Tulip) / 302
애플블라썸(Apple Blossom) / 303
카네이션(Carnation) / 304

• 앙금플라워 응용 / 305

chapter 10 도안 / 308

• 도안(Design) / 310

chapter 01

케이크 디자인

Cake Design

CAKE
DECORATION
BIBLE

디자인은 아이디어를 통해 창조적 이미지를 실현하기 위한 방법으로 표현되는 행위이다. 케이크 디자인은 맛과 동시에 멋을 조화시킴으로써 먹는 사람들로 하여금 좀 더 수준 높은 음식문화와 감동을 주는 역할을 하는 것이다. 제품의 특성을 잘 나타낼 수 있도록 재료와 디자인의 구성요소들을 잘 조합하여 아름다움뿐만 아니라 실용성과 기능성을 포함해야 한다.

디자인의 구성요소

가장 먼저 눈에 띄는 것은 형태와 색상이지만 형과 색을 이루고 있는 가장 기본적인 요소인 시각적 조형요소로 한정될 수 있다. 모든 조형요소들의 조합으로 형태가 완성된다. 디자인의 구성요소 중 기하학적 형태의 기본 중 하나인 점(point)과 선(line), 면(surface)과 입체(solid)가 있다.

점(Point)

점은 그 크기가 상대적으로 정해져 위치와 크기만을 갖는데 형태로서의 점은 위치와 크기 외에 방향성이 있다. 점의 크기는 작을수록 점으로서의 느낌이 강해지고 클수록 면의 형태로서의 인식이 강해지게 된다. 점의 형태는 어떻게 잘 구성하고 표현하느냐에 따라 곡면이나 음영이나 기타 복잡한 입체감을 나타낼 수도 있다.

선(Line)

선은 하나의 움직이는 점이다. 선은 폭이 넓으면 면이 되므로 선의 폭은 면과의 관계에서 결정된다. 선은 길이와 위치, 방향은 있으나 넓이와 두께가 없다.

선은 주변의 다른 형태나 다른 선과의 관계에서 상대적으로 정해지고 선의 형태는 직선, 곡선 또는 직선과 곡선의 혼합적인 것으로 분류할 수 있다. 선은 그 굵기에 따라서 느낌이 달라지는데 굵은 선은 힘이 있고 가는 선은 샤프하다. 선을 이용해서 디자인을 체계적으로 구성하면 원근감이나 입체감을 표현할 수 있다.

면(Surface)

면은 개념적으로 2차원의 영역에서 길이와 넓이를 갖고 있는 것이며 선을 한 방향으로 이동시킨 것이다. 삼각형, 사각형, 원형, 타원형 등으로 표현되며, 평면적인 이미지로 다양하게 활용된다. 점이 이동하면 선이 되고 선이 이동하면 면이 되며, 면이 이동하면 입체가 된다. 면이나 폭은 선의 양이 증가되면 선의 이미지는 당연히 희박해지고 면으로서의 의미가 강해진다. 그때 면으로서의 인식은 어떤 방향으로부터 생겨날 것인지는 그 경계가 명확하지 않다.

입체(Solid)

디자인의 구성요소 중 입체는 점, 선, 면보다 확실하며 많은 특징은 갖는다. 입체는 굵기와 긴밀함, 한정성, 3차원성, 무게 등의 의미를 갖는다. 입체는 면의 단순이동 또는 회전이동에 따라 형성되며 구, 원기둥, 입방체가 있으며 그 종류에 따라 서로 다른 이미지로 표현된다.

디자인의 구성원리(Design Principle)

어떠한 형태를 완성하기 위하여 각각의 요소들이 상호 의존적인 질서를 만들어 디자인을 완성해 나가는 일종의 구성계획이라고 할 수 있다. 즉, 디자인 요소들이 어떤 특정한 효과와 형태를 완성하기 위하여 서로 다른 요소들이 결합하여 표현될 때 일어나는 현상들을 아름답고 조화롭게 만들어 내는 원리이다. 이러한 원리는 독립적으로 나타나는 것이 아니라 상호 보완을 통해 일어난다.

균형(Balance)

균형이란 두 개 이상의 요소 사이의 시각적 · 정신적 힘의 안정을 뜻한다. 크게 동적 균형(Dynamic Balance)과 정적 균형(Static Balance)으로 구분할 수 있으며 질서, 안정, 통일감을 느끼게 한다.

- **대칭적 균형(symmetry)** : 중앙을 지나는 가상의 선을 축으로 접었을 때 완전히 일치되는 경우를 말한다. 대칭적 균형은 가장 많이 사용되는 구도이고 고급스러우며, 위엄 있는 느낌을 연출할 수 있다.
- **비대칭균형** : 대칭의 형태를 이루고 있지 않기 때문에 시각적으로 불안정해 보이지만 시각적으로 보이는 요소들의 배열에 신경 써 시각적인 안정감을 줄 수 있다. 대칭균형보다 재미가 있으며 동적이고 세련된 느낌을 준다.
- **방사형균형** : 중심을 설정하고 그 주위에 있는 것들이 원형으로 돌면서 균형을 잡는 것을 뜻한다. 많이 사용되는 구도로 역동적이면서 중심으로 시선을 모아 주는 효과를 낼 수 있다.

조화(Harmony)

조화란 같은 요소가 아닌 다른 요소가 두 가지 이상 배치되면서 서로 통일되어 종합적인 느낌을 전달하는 것을 뜻한다. 소재, 형태, 색채와 같은 요소들이 통일되어야 하며, 동시에 차이를 지니고 있어야 한다

- **유사** : 동질의 요소, 시각상 힘의 균형
- **대비** : 이질적인 요소의 조합, 시각상 힘의 강약에 의한 감정효과
- **통일** : 유사성(형, 색, 질감, 방향이 같은 선)의 합일

리듬(Rhythm)

리듬은 같거나 비슷한 요소들이 규칙적으로 반복하거나 일정한 변화를 주어 시각적으로 동적인 느낌을 갖는 요소를 말한다. 리듬은 통일성을 전제로 한 원리의 요소이다. 리듬에는 일종의 질서가 존재하는데, 이러한 리듬은 규칙과 질서에 따라 움직인다.

- **반복 리듬(Repetition)** : 일정한 간격, 혹은 규칙성을 가지고 되풀이 되는 것을 반복이라 한다. 색채, 형태, 소재 등의 동일한 요소가 반복되면 리듬감을 유발할 수 있으며 이를 통한 시각적 힘의 강약을 만들어 낼 수 있다.

- **점진적 리듬(Gradation)** : 일정한 변화가 생기면서 나타나는 리듬이라고 할 수 있다. 방사형 균형에서처럼 중심에서 점점 팽창하거나 수축되어 일어나는 리듬이며 규칙성을 가지기 때문에 음악에서 느낄 수 있는 이미지를 가지고 경쾌함, 코믹함, 명랑함을 표현할 수 있다.

통일(Unity)

통일은 전체 구성원리 중 가장 중요한 요소로 조화와 일치되는 질서이다. 형, 색, 양 등의 질서와 균형을 의미하며 완고, 안정성, 대립 개념을 의미한다. 질서와 균형이 있는 통일성은 조화로운 느낌을 주지만 지나치게 통일성을 강조하다 보면 진부한 디자인이 될 수 있으므로 통일성이 있는 가운데 변화를 주는 노력이 필요하다.

변화(Variety)

변화는 통일과 밀접한 관계를 지닌다. 변화가 적으면 통일된 느낌이 강하게 표현되며 변화가 많으면 통일감이 떨어진다. 알맞은 변화라는 것은 통일의 영역을 침해하지 않는 한도 내에서 이루어져야 변화의 가치를 얻을 수 있다.

비례(Proportion)

비례란 크기, 대소, 장단의 비를 뜻하는데, 균형과 비슷한 의미라고 할 수 있으나 균형보다 명확하고 정확한 수적 비율과 질서가 있다. 황금분할이 내재적으로 이루어져 있는 대상을 볼 때 사람들은 최고의 안정감과 아름다움을 느낀다.

강조(Emphasis, Accent)

강조는 사람의 시선을 집중시켜 주어 어떤 특정한 부분이나 내용에 집중하게 하여 변화를 주는 것을 뜻한다. 완전하고 강한 변화를 나타내기도 하지만 강한 통일감을 주어 한 곳에 시선을 고정시킬 수도 있다. 색채, 크기, 형태와 같은 다양한 요소를 통해 시선을 조절할 수 있다.

대비(Contrast)

대비는 긴 것과 짧은 것, 높은 것과 낮은 것, 넓은 것과 좁은 것, 큰 것과 작은 것, 무거운 것과 가벼운 것, 밝고 어두움, 부드러움과 딱딱함, 멀고 가까움과 같이 두 가지의 상반되는 요소들을 통해 생기는 느낌을 말한다.

색의 체계

색채의 개념

색채는 물리적 현상과 더불어 생리적이고 심리적인 현상에 의하여 성립되는 시감각이라 할 수 있다. 즉, 물체의 색이 눈의 망막에 의해 지각됨과 동시에 생겨나는 느낌이나 연상, 상징 등을 함께 경험하는 것을 말한다.

물리학적 정의의 색은 빛이라고 하며, 빛은 우리의 인간이 지각할 수 있는 것으로 가시광선(Visible Light)이라고 부른다. 이것은 색 자체가 바로 가시광선인 빛에 의해 받아들여지는 지각 현상이기 때문에 빛이 직접 또는 간접적으로 물체에 비춘 결과에 우리 눈의 반응과 느낌이라고 할 수 있다.

빛(Light)

지구의 모든 것은 빛을 통해 색(色)을 나타낸다. 인간은 시각적인 지각 능력을 통해 색을 느끼고 미의 가치와 조화를 창조할 수 있기 때문에 인생의 모든 것은 색을 통해서 나타낼 수 있다고 할 수 있다.

1676년 뉴턴이 프리즘을 통해 태양광을 분석하여 일곱 가지 색으로 구분한 이래 수많은 연구들이 뒷받침되었다. 이후로 색은 시각을 통해 물리적 대상인 빛과 그에 따른 시각현상으로 정의되었으며, 물리학적으로는 가시광선이라고 불리게 되었다.

인간의 눈은 색과 형태에 의해 모든 것을 인지하므로 시각적 요소로서 색은 중요한 역할을 한다. 빛은 전자기적 진동인 전자기파인데 그 파장은 380~780nm 사이의 가시광선이며, 프리즘을 통하여 각 파장으로 나눠진다. 파장이 짧은 쪽부터 보라, 남색, 파랑, 초록, 노랑, 주황, 빨강이 차례로 배열되어 무지개색이 된다.

이와 같이 파장 순으로 나눈 빛의 배열을 스펙트럼(Spectrum)이라고 한다. 태양과 같은 백색광의 스펙트럼은 보라에서 빨강까지의 모든 무지개 색을 균등한 세기로 포함하고 있다. 우리는 빨간 사과, 파란 나뭇잎 등을 보면서 물체에 색이 있다고 느끼는데, 이것은 빛이 물체에 반사되거나 물체를 투과할 때 그 물체의 특유한 스펙트럼 특성에 의해 변화를 받기 때문이다. 사과의 경우는 빨강이나 귤색 파장은 잘 반사하지만 노랑 이하의 짧은 파장의 빛은 거의 흡수하므로 빨간색으로 보인다. 이렇게 사과의 반사광이 빨강인 것을 보면 결국 빛은 스펙트럼의 성질에 의해 결정되는 것을 알 수 있다.

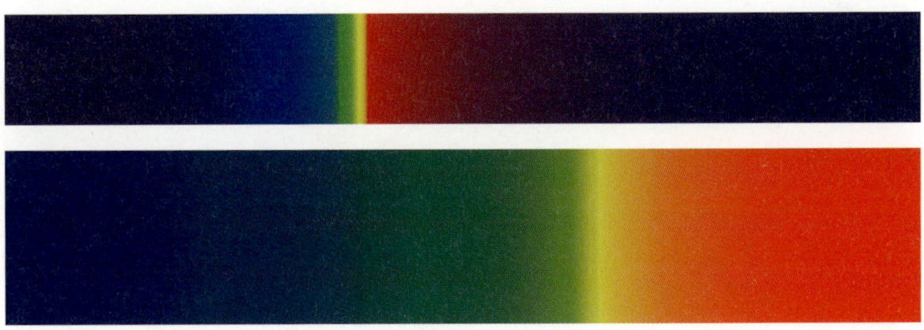

컬러 스펙트럼

색의 일반적 분류

일반적으로 색을 분류할 때 색채를 느낄 수 있는 유채색과 느낄 수 없는 무채색으로 하여 사용하고 있다. 그러므로 무채색은 색의 개념에는 포함되지만 색채의 개념에서는 제외되고 있으며, 흔히 말하는 색은 유채색의 의미에 가깝다고 할 수 있다.

- **무채색** : 무채색은 우리가 말하는 색 중에서 색이 구별되는 성질인 색상을 갖지 않으며, 밝고 어두움만을 갖는 색을 말한다. 즉, 흰색, 회색, 검정 등과 같은 색상이 없다. 무채색의 온도감은 차지도 따뜻하지도 않은 중성색이다.
- **유채색** : 무채색과는 달리 색상을 갖는 모든 색을 일컫는 말. 순색과 중간색으로 이루어지는 색을 유채색이라 한다.

색의 3속성

우리가 색채를 보고 느끼는 요인에는 세 가지가 있는데, 색상을 지각할 때 항상 이 세 가지 요인을 함께 느끼게 된다. 그 하나는 빛의 파장 자체를 나타내는 것으로 색상(hue)이고, 두 번째는 밝고 어두운 정도를 나타내는 명도(value), 세 번째는 순수한 정도를 나타내는 채도(chroma)이다.

색상

색상이란 색의 3속성의 하나로 빨강, 파랑, 녹색이라는 이름 등으로 서로 구별되는 특성을 말한다. 색조와 거의 같은 뜻으로 쓰이는데, 색상의 변화를 계통적으로 고리 모양으로 배열한 것이 색상환이다.

먼셀 표색계나 오스트발트 표색계에서는 색상별로 척도 표시가 되어 있다. 색상은 물체의 표면에서 선택적으로 반사되는 색 파장의 종류에 의해 결정되며 빨강, 주홍, 노랑, 초록, 파랑, 보라 등으로 구분된다. 색상은 순수한 색일수록 현저하게 드러나므로 빨리 눈에 띄고 여러 가지 색이 혼합된 경우에는 색상이 강하게 드러나지 않아 잘 눈에 띄지 않는다. 하지만 무채색인 흰색, 검정색, 회색을 제외한 모든 색은 순색이 지닌 색상을 조금이라도 지니고 있다.

여러 가지 색채계에서 통용되는 색상의 수는 대략 40가지 정도이다. 여러 가지 유채색을 체계적으로 둥근 모양으로 배열한 것을 색상환이라고 한다. 색상환에서 근거리에 있는 색을 유사색, 서로 반대편에 위치한 색을 보색이라 한다.

색상환

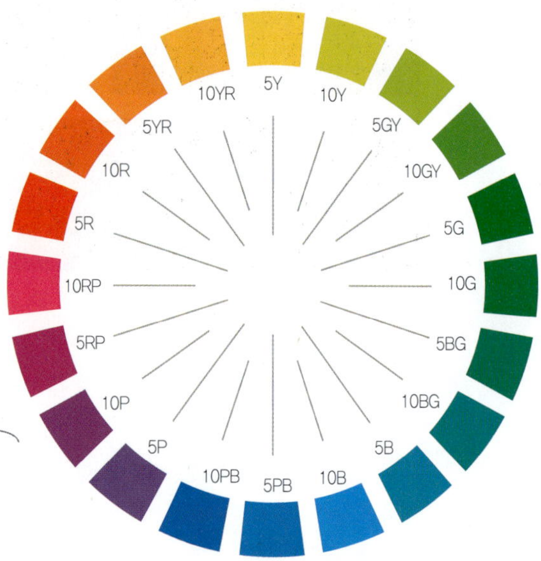

명도(Lightness)

물체색이나 광원색이 지니는 밝기의 정도를 말한다. 이는 광도라고도 하는데 색을 구별하는 감각적인 요소 중 하나이다. 반사율 외에 색에 의해 눈이 느끼는 밝기의 차이는 색을 구분하는 데 있어서 중요한 인자다. 물체의 색을 표시하는 먼셀 표색계에서는 흰색을 명도 10, 검정색을 0으로 하고 그 사이의 회색 단계를 10등분하여 차례로 번호를 매긴다.
빛이 반사하는 양에 따라 색의 밝고 어두운 정도를 느끼는 것이 명도이다. 물체가 빛을 흡수하면 어두운 색을 띠고 빛을 반사하면 밝은 색을 띠게 된다. 색상과 채도는 유채색에 있는 성질이지만 명도는 무채색과 유채색 모두에 있는 성질이다.

명도(Lightness) 무채색(Grayscale)

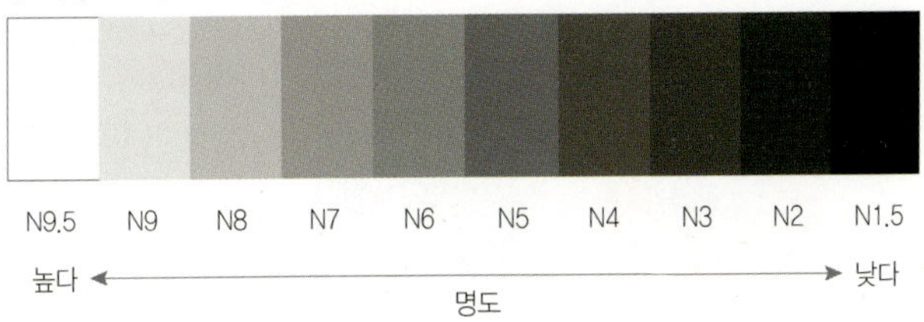

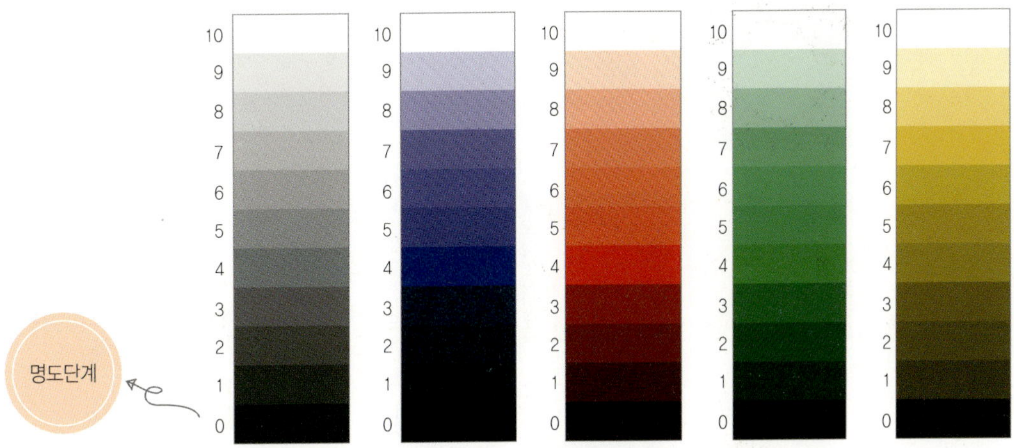

채도(Chroma)

채도는 색의 선명도를 나타내는 것으로 포화도라고도 한다. 그것은 여러 가지 색파장이 혼합되어 물체의 표면에서 흡수되거나 양에 따라 다르게 느껴지는 특정한 색파장이 얼마나 순수하게 반사되는가의 정도를 나타낸다. 채도는 스펙트럼 색에 가까울수록 높아지고, 한 색상 중에서 가장 채도가 높은 색을 그 색상 중의 순색이라고 한다. 유채색의 순수한 정도를 뜻하기 때문에 순도라고도 한다. 채도는 1에서 14단계로 나눠진다. 색입체의 중심축인 무채색의 축에서 바깥쪽으로 멀어질수록 채도 번호는 점점 높아지고, 반대로 색입체의 중심축인 무채색의 축에 가까워질수록 채도 번호는 낮아진다.

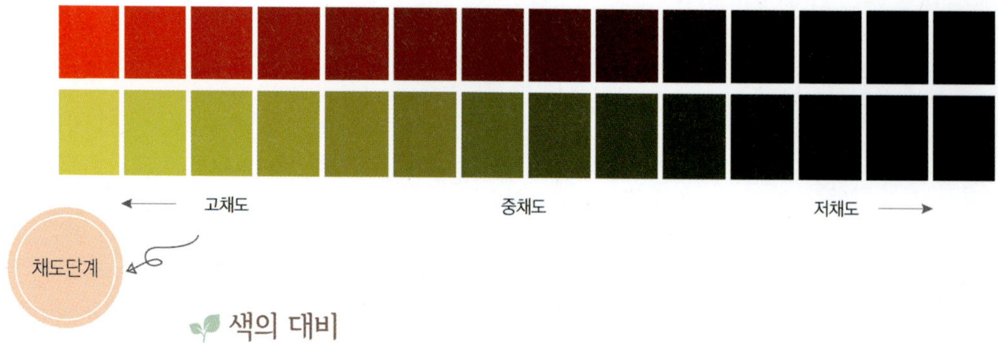

색의 대비

가까이 있는 두 가지 이상의 색을 동시에 볼 때 나타나는 대비이며 색상대비, 명도대비, 채도대비, 보색대비 등이 있다.

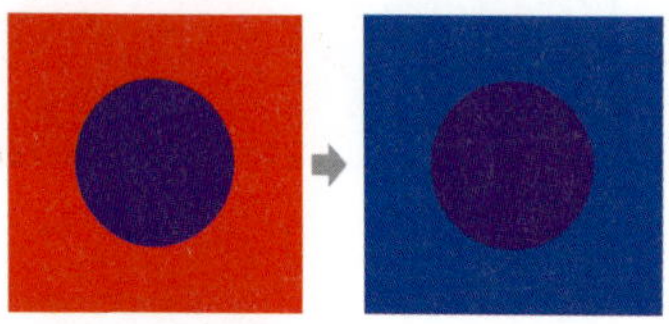

- **색상대비**

  색상이 다른 두 색이 서로 대조가 되어 색상차가 더 크게 대비되어 보이는 현상이다.

  빨강 바탕의 보라색은 파랑을 띠어 보이고 파랑색 바탕의 보라색은 빨강기가 있어 보인다.

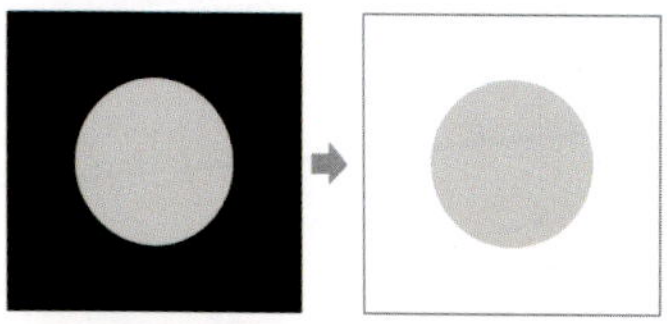

- **명도대비**

  명도차가 다른 두 색을 배열할 때 생기는 현상이다.

  검은 바탕의 회색이 흰색 바탕의 회색보다 밝아 보인다.

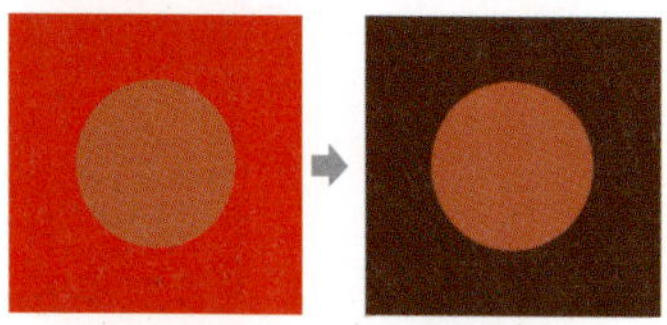

- **채도대비**

  주위에 있는 색이 채도가 높으면 상대적으로 채도가 낮아 보이는 대비 현상이다.

  빨강색 바탕에 있는 색은 채도가 낮아보이고, 배경색의 채도가 낮아 보이는 우측의 색은 채도가 높아 보인다.

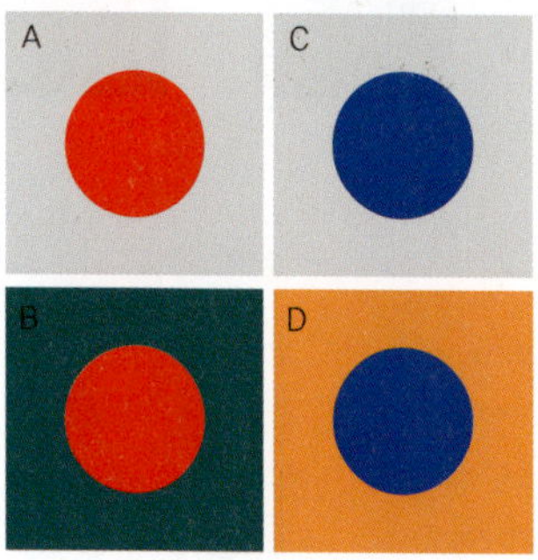

- **보색대비**

  보색끼리의 색이 상대 색의 채도를 높게 보이게 하는 대비 현상이다. A의 빨강색보다 B의 빨강색보다 선명해 보인다. C의 파랑색보다 D의 파랑색이 선명해 보인다.

- **면적대비**

  색채가 면적의 크고 작음에 따라 다르게 느껴지는 것을 면적대비하고 한다. 동일한 색이라도 면적이 커지면 명도와 채도가 증가되어 밝게 보이고 면적이 작아지면 명도와 채도가 낮아져 진하고 강해 보인다.

- **한난대비**

  차가운 색과 따뜻한 색이 대비되었을 때 서로 영향을 주어 한난의 정도가 강하게 느껴지는 대비이며, 원근감을 형성하는 효과가 있다. 밝은 색은 나와 보이고 어두운 색은 들어가 보인다.

- **연변대비**

  두색이 인접해 있을 때 색과 색의 부분에서 색상, 명도, 채도 대비가 강하게 일어나는 현상이다.

색의 혼합

두 가지 이상의 색을 섞어 다른 색상을 나타내는 것이다.

- **가산혼합**

  ① 색이 있는 빛을 비추어 혼합하는 것을 가리켜 가산혼합이라고 한다.
  ② 혼합하면 명도는 높아지고 채도는 낮아진다.
  ③ 빛의 합성 원리에 따라 모든 파장의 빛이 균등하게 혼합될 경우 흰색을 띤다.
  빨강 + 초록 + 파랑 = 백색광
  예) 컴퓨터 모니터 조명, 텔레비전

- **감산혼합(물감의 혼합)**

  ① 혼합할수록 어두워져 명도가 떨어지는 혼합을 말한다.
  ② 혼합할수록 명도와 채도 모두 낮아진다.
  ③ 색 유리나 셀로판지 등을 겹쳐 놓은 혼합이다.
  빨강+노랑+파랑=어두운 회색
  ④ 가산혼합, 감산혼합 모두 채도가 낮아지는 혼합이다.

- **중간혼합**

  ① 원판에 다른 두 가지 색을 칠하고, 팽이처럼 회전을 시켜서 혼합을 시키는 것을 말한다.
  ② 혼합된 색의 명도는 회전 이전의 두 가지 색의 평균 명도가 되고 중간 색상이 된다.

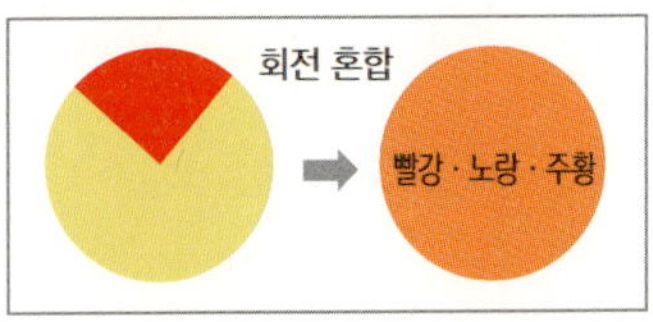

- **병치혼합**

  병치 혼색이란 색을 실제로 섞는 것이 아니라 서로 조밀하게 가깝게 놓아서 혼색되어 보이게 하는 것을 말한다. 즉, 하나 하나의 작은 색점의 집합에 의해 멀리서 보면 혼색되어 다른 색으로 보이는데, 이것은 색의 면적과 거리에 따라 눈의 망막 위에서 혼합되어져 보이는 생리적인 현상이라 할 수 있다.

색채 배색

배색(配色)은 두 가지 이상의 색상을 잘 어울리도록 배치하는 일이다. 이를 평가하는 기준은 다양하지만 색채조화라는 개념이 정립되면서 보편적 원리나 법칙이 있을 것이라는 주장 아래 그것을 밝히려는 연구가 진행되고 있다. 배색은 제품디자인, 환경디자인, 인테리어, 광고/포스터 등 다양한 범위에서 적용되는데, 배색에 따라 그 느낌이 다양하게 나타난다.

배색의 구성요소

① 주조색(Dominant Color)
전체 배색에서 색채효과를 좌우하며 통일된 인상을 주는 역할을 한다. 주로 65~70% 면적을 사용하여 표현한다.

② 보조색(Sub Color)
주조색에 이어 면적 비율이 크고 출현 빈도가 높은 색으로, 주조색과 강조색 사이를 연결하여 주거나 부가적인 요소로 사용된다. 약 25~30%의 면적을 사용한다.

③ 강조색(Accent Color)
전체 이미지에 소량 사용하여 활기를 주거나 장식적인 요소 또는 전체 이미지에 생명력을 주는 악센트(Accent)색이다. 5~10% 소량을 사용한다.

배색 방법

배색의 종류로는 색상, 명도, 채도에 따른 배색을 각각 들 수 있다.

색상에 의한 배색

동일 색상 : 같은 색상이라도 명도나 채도 차이를 둔 배색이다. 이는 명도나 채도의 변화를 주어 조화시켜야 하는데 통일감과 완성감으로 느낄 수 있다(세련미, 친근감).

유사 색상 : 색상환에서 색상의 차이가 근접하거나 유사한 배색을 말한다. 예를 들어, 빨강과 노랑/주황, 파랑과 남색 같은 배색. 이는 친근하고 즐거운 느낌을 주며 협조적이고 온화함, 상냥함을 느낄 수 있다. 유사 색상 배색도 동일 색상과 마찬가지로 명도나 채도의 변화를 통해서 조화시켜야 한다. 보통 주조색에 의한 배색에 많이 활용된다. 그러나 색의 차이가 너무 작을 경우 오히려 조화롭지 못한 배색이 되기도 한다.

반대 색상 : 빨강과 청록, 노랑과 남색과 같이 색상환에서 거리가 멀거나 보색관계에 있는 배색을 말한다. 반대색의 배색은 화려하고 강한 느낌을 줌과 동시에 자극적이고 동적인 생동감을 느낄 수 있다. 역시 채도와 면적의 변화를 통해 조화시켜야 하며 활동성이 높은 분야의 배색에 적합하다. 그러나 너무 지나치면 혼란스럽거나 복잡해 보일 수 있다.

명도에 의한 배색

고명도 배색 : 순색에 흰색을 섞은 파스텔톤 색상의 배색을 말한다. 고명도 배색은 맑고 귀여운 느낌을 주며 여성스럽고 부드러운 이미지를 전달한다.

중명도 배색 : 회색과 같은 중간 명도를 가진, 즉 Dull톤 색들의 배색을 말한다. 중명도끼리의 배색은 무난하지만 그 경계가 불분명하고 모호한 느낌을 준다.

저명도 배색 : 순색에 검정을 섞은 어두운 색, Dark톤 색상의 배색을 말한다. 저명도끼리의 배색은 어두우며 음침한 느낌을 준다.

명도차가 큰 배색 : 고명도의 색과 저명도 색의 배색을 말한다. 명도차가 크면 색과의 관계가 뚜렷하고 명쾌한 느낌을 준다.

채도에 의한 배색

고채도 배색 : 채도가 높은 Vivid 톤의 색들끼리의 배색을 말한다. 고채도 배색은 매우 화려하고 자극적이지만 자칫 산만한 느낌을 줄 수 있다. 중성색이나 무채색을 사용하면 색의 반발성이나 산만함을 줄일 수 있다.

저채도 배색 : 채도가 낮은 저채도끼리의 배색은 부드럽고 온화한 느낌을 준다. 하지만 저채도/저명도의 배색은 침울하고 어두운 느낌을 준다.

채도차가 큰 배색 : 고채도와 저채도의 배색으로서 채도 차이가 큰 배색은 활기 있어 보이고 명쾌한 이미지를 준다. 또 이 차이가 클수록 확실한 배색이 된다.

세퍼레이션(Separation) 배색

색상의 톤이 비슷하거나 전체 배색에서 희미하고 애매한 인상이 들 때 무채색을 가운데에 삽입하여 명쾌함을 주어 배색의 효과를 분리시켜 주는 기법이다. 주로 무채색을 이용하며 금속색을 쓰는 경우도 있다.

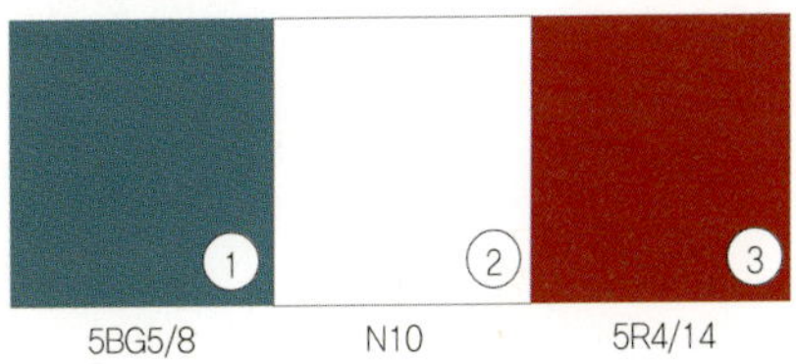

악센트(Accent) 효과에 의한 배색

악센트란 '강조하다, 돋보이게 하다, 두드러지게 하다, 눈에 띄게 하다' 등의 의미로 단조로운 배색에 대조색을 소량 덧붙임으로써 전체 상태를 돋보이도록 하는 배색이다.

톤 온 톤(Tone On Tone)

배색색상은 같게, 명도는 차이를 크게 하는 배색이다. 통일성을 유지하면서 극적인 효과를 준다.

● 톤 인 톤(Tone In Tone)

갈거나 비슷한 톤 안에서 색의 차이를 두는 배색 방법이다. 명도와 채도가 비슷하기 때문에 서로 다른 색을 쓰더라도 통일성이 느껴진다.

● 토널(Tonal) 배색

톤 인 톤 배색과 비슷하며 중명도, 중채도의 다양한 색상을 이용한다. 안정되고 편안한 느낌을 준다.

● 그라데이션(Gradation) 효과에 의한 배색

그라데이션이란 서서히 변화하는 것, 단계적인 변화, 점진적으로 변화하는 것을 의미한다. 자연스럽게 변해가는 조화의 배열로서 색상, 명도, 채도, 톤의 변화를 살린, 리듬감이 있고 움직임의 효과를 표현하는 배색이다.

● 레피티션(Repetition) 효과에 의한 배색

레피티션은 '반복하다, 되풀이하다' 등의 의미를 가진다. 두 색 이상을 사용하여 일정한 질서에 기초한 조화를 부여함으로써 통일감이나 융화감을 끌어내는 배색이다. 즉, 2가지 이상의 색을 배색하여 한 단위로 그룹지어 되풀이 반복하면서 조화로운 효과를 보인다. 타일의 배색이나 체크무늬 배색 등에서 많이 볼 수 있다.

● 까마이외(Camaieu) 배색

거의 같은 색에 가까운 색을 사용한, 언뜻 보면 한 가지 색으로 보일 정도로 미묘한 차이의 배색. 동일한 색상, 명도, 채도 내에서 약간의 차이를 이용한 배색 방법이다.

● 포 까마이외(Faux Camaieu) 배색

까마이외 배색과 비슷하나 주위의 톤으로 배색하는 차이점이 있다. 이는 색상과 톤에 약간의 변화를 줌으로써 편안하고 부드러움, 고상한 느낌을 준다.

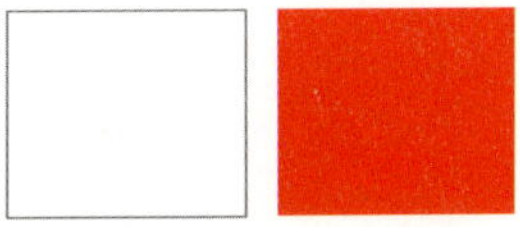

- **비콜로(Bicolore) 배색**
  Bi라는 접두사는 프랑스어로 '2개의'라는 의미로 두 가지 컬러 팔레트를 만드는 배색이다. 흰색과 Vivid한 톤의 컬러의 사용으로 분명한 대비효과와 단정한 느낌을 준다.

- **트리콜로(Tricolore) 배색**
  세 가지 색을 이용하여 긴장감을 주기 위한 배색으로 하나의 면을 3가지로 나눈다. 색상이나 톤의 명확한 대조가 요구되며 흰색과 Vivid톤 컬러의 사용으로 강렬하고 안정감 높은 배색을 할 수 있다.

색의 연상

어떤 색채를 보았을 때 특정한 이미지, 분위기, 사물, 형태 등을 기억하거나 떠올리는 것을 색채의 연상이라 한다.

색 상	연 상
빨강	열정, 강렬한, 흥분, 환희, 젊음, 진취적인, 역동적인, 증오, 분노, 광기, 전쟁, 불
주황	맛있는, 활기, 즐거운, 명랑, 따뜻한, 개방적인, 긍정적인, 만족, 사회성이 높은, 풍부, 원기, 기쁨, 가을
노랑	환희, 발전, 낙관, 행복, 경쾌함, 햇살같은 에너지, 풍년, 귀여운, 쾌활, 즐거움, 진취적인, 젊음
초록	자연의 색, 생명력, 상쾌, 안정, 평온, 안전, 젊음, 신선, 건강, 환경보호, 깨끗한, 비옥한
파랑	시원함, 상쾌함, 맑음, 청량감, 정신적, 이성적, 차분, 평화, 세련된, 젊음, 자연, 신뢰, 상상력, 창의력
보라	복합적, 신비로움, 화려함, 우아한, 환상적인, 여성적인, 예술가, 자유분방한
분홍	애교, 따뜻함, 활발한, 로맨틱, 달콤한, 부드러운, 감성적인, 여성적인, 섬세한
갈색	지구, 나무, 전원적인, 편안한, 성실한, 점잖은, 고상한, 클래식한
남색	장엄, 신비, 천국, 환상, 차가움, 공포, 침울, 영원
자주	도회적, 화려함, 사치, 섹시, 사랑, 애정, 흥분
하양	선한, 순결한, 청초한, 청결한, 결백한, 완벽한, 희생, 진실, 위생, 시작, 여성적인, 웨딩
회색	심플한, 차분한, 평범한, 안정, 이론, 겸손, 단념, 도시
검정	결단력, 모던, 지적, 교양, 세련된, 힘, 장엄함, 위엄 있는, 당당한, 엄격한, 엄숙한

색상의 이미지 언어

- **빨강**

긍정적 연상 : 태양, 힘, 생명, 피(생명), 불(따뜻함), 열정, 정열, 활기, 행복, 젊음, 순정, 기쁨, 사랑, 흥분, 개방적인, 감성적인, 진취적인, 강렬한, 열정적인, 낙관적인, 역동적인

부정적 연상 : 피(상처), 불(방화), 죽음의 고통, 상처, 광란, 전쟁, 혁명, 위험, 악마, 분노, 경고, 공격적인, 강압적인, 찢어지는 듯한 감정

- **주황**

긍정적 연상 : 가을, 풍요, 석양, 불꽃, 결혼, 은혜, 지혜, 사교, 애정, 기쁨, 명랑, 만족, 활기, 활력, 기대, 즐거움, 따뜻함, 화려함, 귀여운, 우호적인, 온화한, 이국적인, 진취적인, 유쾌한, 외향적인, 맛있는

부정적 연상 : 무질서, 악담, 사탄, 탁상공론, 건조한

- **노랑**

긍정적 연상 : 태양, 빛, 대지, 황금, 사막, 번영, 지성, 지혜, 귀족, 명예, 황제, 환희, 신비, 풍요, 희망, 밝음, 발전, 도전, 귀여운, 고귀한, 포근한, 순수한, 즐거움, 뛰어남, 온화한, 낙관적인, 활발한, 사교적인, 따뜻한, 진취적인

부정적 연상 : 배신, 악담, 타락, 경박, 노폐, 천박, 미숙, 질투, 퇴폐적인, 비겁한, 미숙한

- **연두**

긍정적 연상 : 초원, 자연, 봄, 초여름, 신록, 목장, 생명, 사랑, 안정, 희망, 평화, 휴식, 어린이, 친애, 생동, 안정, 순진, 차분함, 자연적인, 젊음, 산뜻한, 소박한, 신선한, 순진한, 편안한

부정적 연상 : 초보적인, 미숙한, 철없는

- **초록**

긍정적 연상 : 자연, 나무, 깊은 숲, 산림, 농업, 번영, 희망, 대지의 풍요, 번창, 희망, 생명, 지혜, 평화, 건강, 안정, 휴식, 위안, 지성, 생산, 자기통제, 젊음, 기쁨, 신선한, 경사스러운, 명랑한, 상쾌한, 산뜻한, 침착한, 시민적인

부정적 연상 : 죽음, 질투, 반목, 도덕적 타락, 광기, 재앙, 고독, 동정심, 천박한, 격노한

- **청록**

긍정적 연상 : 여름바다, 삼림, 깊은 숲, 이성, 찬바람, 기능적인, 청결한, 이지적인, 시원한

부정적 연상 : 죄, 질투, 유령, 냉정한

- **파랑**

긍정적 연상 : 하늘, 바다, 물, 겨울, 강, 희망, 자유, 축제, 명상, 헌신, 순수, 진실, 영원, 정의, 자애, 희망, 성실, 상상, 평화, 이상, 진리, 신뢰, 신선한, 경건한, 정직한, 깨끗한, 조용함, 청결한, 싱싱한, 젊음

부정적 연상 : 의심, 낙담, 근심, 고독, 반성, 슬픔, 냉담, 불신, 찬느낌, 어두움, 쓸쓸함, 서늘함, 소극적인, 우울한, 엄격한, 날카로운, 보수적인, 냉정한

- **남색**

긍정적 연상 : 깊은 바다, 영원, 신비, 천국, 환상, 이해, 위엄, 이성, 신뢰감, 숭고, 깨끗한, 고결한, 숙연함, 장엄함, 도시적, 남성적인, 현대적인, 냉철한, 무한

부정적 연상 : 불안, 침울, 공포, 고독, 독단적인, 냉정한, 차가움

- **보라**

긍정적 연상 : 예술, 힘, 정령, 진실한 사랑, 겸손, 인내, 향수, 기억, 만족, 지위, 귀인, 신비, 창조, 권력, 마법, 중성, 고귀한, 우아한, 귀족적인, 고풍스러운, 부드러운, 섬세한, 도발적인, 부유한, 자유분방한, 흥미진진한

부정적 연상 : 허영, 폭력, 불안, 공포, 승화, 순교, 회개, 사직, 비하, 애도, 그늘, 실망, 근엄, 분노한, 퇴폐적인, 복잡한

- **자주**

긍정적 연상 : 환상, 예술, 신비주의, 섹시, 궁중, 왕관, 권력, 신비, 고풍, 우수, 사랑, 애정, 우아, 흥분, 아름다움, 도회적, 화려한, 중후한, 견실한, 매혹적인

부정적 연상 : 사치, 허영, 고뇌, 칙칙한

- **분홍**

긍정적 연상 : 애교, 사랑, 에로스, 사탕, 애정, 유혹, 로맨스, 누드, 아름다움, 예의바른, 로맨틱, 꽃향기, 따뜻함, 다정한, 달콤한, 활발한, 부드러운, 유아적인, 창조적인, 섬세한, 감상적인, 여성적인, 온화한, 순종적인

부정적 연상 : 충격적인, 약한

- **갈색**

긍정적 연상 : 지주, 나무, 존엄, 점잖은, 전원적인, 성실한, 편안한, 고상한, 클랙식한, 오래된

부정적 연상 : 가난, 인기 없는, 흔한, 흉한, 싫어하는, 게으름, 어리석음, 속물의, 유행에 뒤진, 나이든, 인색함, 완고한

- **하양**

긍정적 연상 : 눈, 웨딩드레스, 순결, 청결, 완벽, 정확, 지혜, 진실, 청순, 결백, 신성, 청정, 위생, 생명, 빛, 신앙, 순수, 정직함, 경건한, 밝은, 상쾌한, 산뜻한, 청초한

부정적 연상 : 유령의, 영적인, 추운, 텅빈, 빈

- **회색**

긍정적 연상 : 도시, 스님, 성숙, 신중, 겸손, 회개, 회상, 안정, 평범한, 차분한, 중화

부정적 연상 : 이기심, 의기소침, 무력, 무관심, 불임, 겨울, 비통, 후회, 불친절, 망각, 과거, 나이든, 오래된, 음울함, 특성이 없는, 우울한, 오싹한, 무감각한, 은밀한, 소극적인, 쓸쓸한, 단념, 기계적인

- **검정**

긍정적 연상 : 겨울, 밤, 고귀, 신비, 정숙, 모던, 지적, 교양, 왕위, 힘, 고상함, 장엄함, 강함, 결단력, 의지, 강대한, 위엄 있는, 신성한, 엄격한, 세련됨, 당당한, 우아한

부정적 연상 : 죽음, 고난, 불안, 공포, 상복, 종말, 부정, 이기심, 불행, 불법, 침묵, 암흑, 좌절, 절망, 슬픔, 범죄, 부정, 아픔, 죄, 부도덕한, 없음, 음울함, 불건전한, 단호한, 더러운, 나쁜, 딱딱한, 무거운

색조의 이미지 언어

- **Vivid(선명한)**

구체적 연상 : 과일, 모기, 크레용, 신호, 야채, 장난감, 태양, 물감, 여름, 빛, 표식, 녹황색 채소

추상적 연상 : 분명한, 신선한, 화려한, 건강한, 선명한, 강렬한, 강한, 눈에 띄는, 생생한, 활발한, 자극적인

- **Strong(강한)**

구체적 연상 : 과일, 융단, 여름, 미국, 크레용, (운동경기용) 셔츠, 태양, 텔레비전, 가게, 간판, 유원지

추상적 연상 : 강한, 힘 있는, 선명한, 동적인, 정렬적인, 스포티한, 화려한, 경쾌한, 신선한, 활발한, 드센, 건강한, 뚜렷한

- **Bright(밝은)**

구체적 연상 : 과일, 모기, 크레용, 신호, 야채, 장난감, 태양, 물감, 여름, 빛, 표식, 녹황색 채소

추상적 연상 : 밝은, 젊은, 명랑한, 유쾌한, 상쾌한, 즐거운, 기쁜, 귀여운, 경쾌한, 캐주얼한, 신선한, 화려한, 건강한, 활발한

- **Pale(맑은)**

구체적 연상 : 아기, 물, 봄, 아기옷, 커튼, 속옷, 공기, 비눗방울, 자연, 빛, 면, 솜사탕

추상적 연상 : 맑은, 상쾌한, 어린애같은, 부드러운, 밝은, 즐거운, 가벼운, 기쁜, 달콤한, 귀여운, 여성적인, 얇은, 상냥한, 사랑스러운

- **Very Pale(연한)**

구체적 연상 : 타월, 파스텔, 하늘, 봄

추상적 연상 : 가벼운, 은은한, 잔잔한, 깨끗한, 맑은, 부드러운, 옅은, 여성적인, 약한, 연약한, 깔끔한, 편안한, 안정된, 수수한, 소박한, 심플한, 희미한, 온화한

- **Light Grayish(흐릿한)**

구체적 연상 : 겨울, 흐린 날씨, 꿈, 벽지, 화장품, 연기, 식기

추상적 연상 : 차분한, 부드러운, 은은한, 온화한, 희미한, 평온한, 단정한, 우아한, 밝은 회색빛이 도는, 수수한, 둔한, 약한

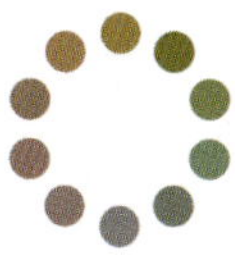

- **Grayish(탁한)**

구체적 연상 : 콘크리트, 양복, 흐림, 흐린 날씨, 지면, 수묵화, 나이, 흙탕물, 터널

추상적 연상 : 점잖은, 침착한, 어른스러운, 탁한, 수수한, 조용한, 차분한, 안정된, 낡은, 칙칙한, 어두운, 쓸쓸한, 음침한, 단단한, 추운

- **Light(은은한)**

구체적 연상 : 어린이, 빛, 하늘, 꽃, 봄, 아침, 커튼, 비눗방울, 유원지

추상적 연상 : 부드러운, 은은한, 희미한, 평온한, 단정한, 우아한, 온화한, 정적인, 수수한, 편안한, 옅은, 상냥한, 가벼운

- **Dull(진한)**

구체적 연상 : 가을, 노인, 노인옷, 흙, 단풍

추상적 연상 : 차분한, 원숙한, 점잖은, 나이든, 깊은, 오래된, 격식 있는, 둔한, 칙칙한, 탁한, 깊은, 조용한, 안정된, 수수한

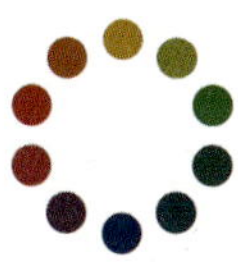

- **Deep(진한)**

구체적 연상 : 바다, 낙엽, 자연, 심해, 미술관, 숲, 인도풍, 가을

추상적 연상 : 진한, 짙은, 강한, 깊은, 고상한, 견고한, 충실한, 보수적인, 차분한, 단단한, 전통 깊은, 깊이 있는, 무거운

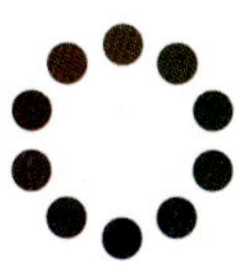

- **Dark(어두운)**

구체적 연상 : 가을, 마른 잎, 가구, 삼림, 흙, 겨울옷

추상적 연상 : 어두운, 차분한, 무거운, 단단한, 강한, 견고한, 딱딱한, 남성적인, 음침한, 음울한, 무게 있는, 검소한

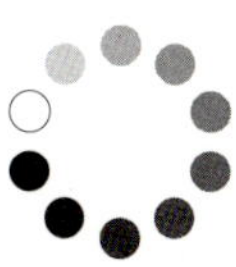

- **무채색**

구체적 연상 : 빌딩, 장례식, 모노크롬사진, 콘크리트, 도회, 돌, 구름, 새치, 병원

추상적 연상 : 단단하다, 인공적, 무기질, 심플한, 어둡다, 산뜻한, 쓸쓸한, 조용한, 차가운

먼셀 색체계와 HUE & TONE 120 Color System

먼셀 색체계

먼셀(Albert. H. Munsell, 1858~1918)은 미국 사람으로 화가이며 미술교육가이다. 모든 색채를 색상, 명도, 채도의 총합이라고 정의하였다. 이를 바탕으로 먼셀 색입체를 고안하였다.

먼셀의 색체계에서 가장 큰 특징은 색이 지닌 삼속성의 지각적 등보성에 따른 감각적인 색체계라는 점으로, 시각의 흐름을 기본으로 만들어진 체계로서 빨강(R), 노랑(Y), 초록(G), 파랑(B), 보라(P)의 다섯 기본색과 주황(YR), 연두(GY), 청록(BG), 청보라(PB), 붉은 보라(RP)의 5가지 중간색을 더해서 10색상으로 구성되어 있다.

이러한 명도단계는 순수한 검정을 0, 순수한 흰색을 10으로 보고 그 사이를 9단계로 구분하여 11단계로 이루어져 있다. 셀 색표시법에 의한 실례를 들면 색상이 YR(황적), 명도가 6, 채도가 12인 색표시는 YR 6/12로 한다. 먼셀 표색계는 이렇게 십진법으로 색을 표시하여 색을 세분, 지시할 수 있고, 표시된 색을 정확하게 나타내려면 표준색표가 필요하다.

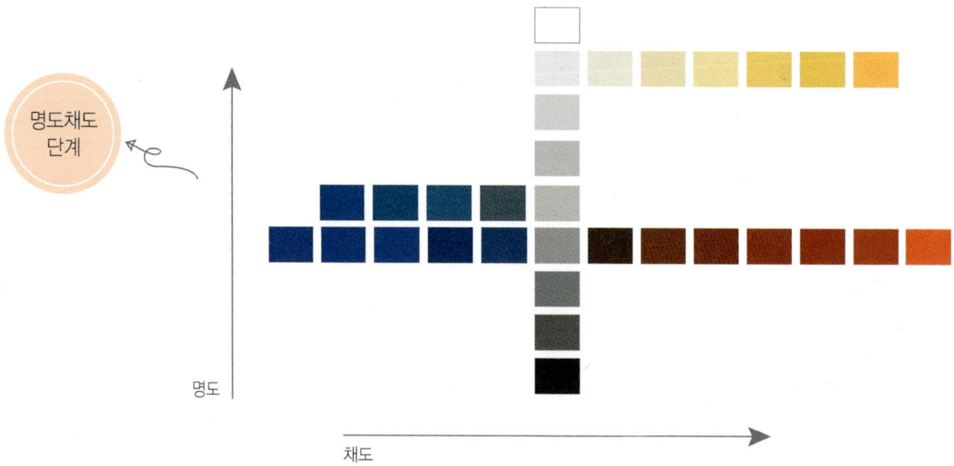

HUE & TONE 120 Color System

먼셀의 단점을 보완한 색체계가 Hue & Tone 120 Color System으로 Munsell, ISCC-NBS, NCD체계를 기반으로, 우리말 색 이름을 갖는 색들의 분포 분석, 국내상품색 분석, 우리나라 사람이 갖는 색조 판단의 특징을 분석하여 새롭게 개발된 체계이다.

색상(Hue), 명도(Value), 채도(Chroma) 3속성에 의한 색채표현을 색상(Hue)과 색조(Tone)로 단순화시켜 색채 분포 분석을 보다 용이하게 한 색표이다. 이 120색은 110개의 유채색과 10개의 무채색으로, 110개의 유채색은 10개의 색상과 11개의 색조로 이루어져 있다.

색상 Hue

빨강(R) · 주황(O) · 노랑(Y) · 연두(YG) · 녹색(G) · 청록(BG) · 파랑(B) · 남색(bV) · 보라(P) · 자주(rP)

Hue & Tone 120 Color System

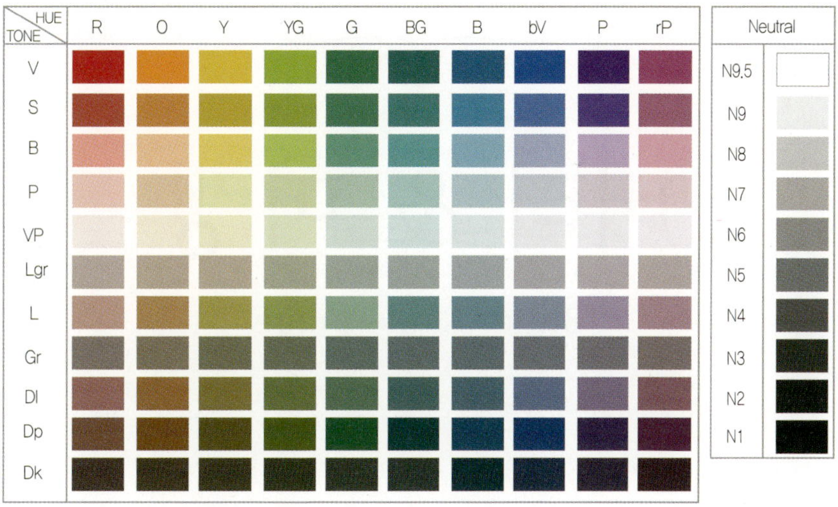

KS 색조 (Tone) 분류

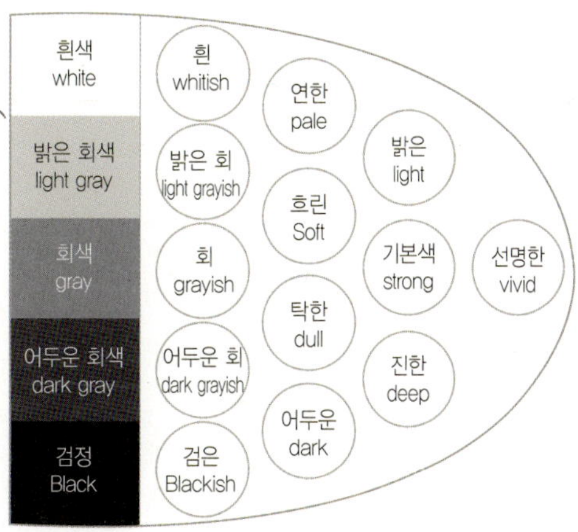

chapter 02

버터 & 머랭

Butter & Meringue

CAKE
DECORATION
BIBLE

케이크 데커레이션에 사용하는 재료와 도구

생크림 및 유가공 크림의 종류

- **휘핑크림(Whipping Cream)**

유크림(생크림)(Dairy Cream) : 천연 유지방만을 사용하기 때문에 특유의 부드러운 풍미를 가지고 있으나 유지방 구조 자체가 약해 거칠어지기 쉽다.

식물성 크림(Non-dairy Cream) : 옥수수유, 면실유, 대두유, 야자유 등의 식물성 유지를 주원료로 사용하여 만든다.

가공유크림 : 동물성 유지방과 식물성 지방을 조합한 컴파운드 크림

- **식용크림(Table Cream)**

유지방 10~30% 정도의 비교적 농도가 낮은 크림으로 주로 커피용으로 쓰인다.

- **발효크림(Sour Cream)**

유지방 18% 이상의 크림을 젖산균으로 발표시킨 후 살균과 균질화 과정을 거친 것으로 발효산성크림이라고도 한다.

- **휘핑용 크림의 종류와 구성성분**

첨가물 종류	유지방	식물성 유지	유화제	안정제
유크림	○	×	×	×
첨가물 사용크림	○	×	○	○
가공 유크림		○	○	○
식물성 크림	×	○	○	○

- **우유와 크림의 성분비교**

100g당	에너지 Kcal	수분 g	지질 g	단백질 g	당질 g	칼슘 mg	비타민A 효력 I.U
우유	59	88.7	3.2	4.5	4.5	100	110
커피용 크림	208	73.3	20.0	3.7	3.7	85	680
휘핑용 크림	433	49.5	45.0	3.1	3.1	60	1,500

생크림의 제조공정

- **원심 분리법** : 우유를 원심력에 의해 유지방과 무지유 고형분을 분리
- **정치 분리법** : 우유를 오랫동안 정치하여 비중이 가벼운 유지방구가 표면에 떠오르면 고인 크림층을 거두는 방법

식물성 크림의 제조 공정

- 식물성 크림은 식물성 유지를 원료로 하는 크림으로, 생크림과는 여러 가지 다른 점이 있다.
- 가장 큰 차이는 원료인 식물성 유지가 순수한 액체유의 형태를 띠고 있는 점이다.
- 따라서 생크림처럼 수분과 유분이 고르게 혼합된 상태를 유지할 수 없기 때문에 액체유를 원하는 성질에 맞게 고체지화하는 경화과정을 거친 후 적당한 굳기로 변한 가공유지에 안정제나 유화제를 첨가한다.
- 이런 가공유지를 탈지유 속으로 분산시키며 유지는 주변의 유화제 피막으로 둘러싸인 지방구 형태로 변해 생크림의 구조와 비슷해지는 것이다.

가공유크림의 제조 공정

가공유크림은 유지방과 식물성 유지를 혼합한 것으로, 유지방의 식감과 풍미에 식물성 유지의 사용하기 편리한 점을 가미시킨 크림이다.

휘핑크림의 휘핑원리와 취급관리

우유보다 약간 걸죽한 휘핑크림을 거품기로 저었을 때 점점 부풀어 오르는 이유는 휘핑크림 속의 유지방이 외부의 충격에 의해 그 구조를 바꾸기 때문이다.

- **휘핑 원리**

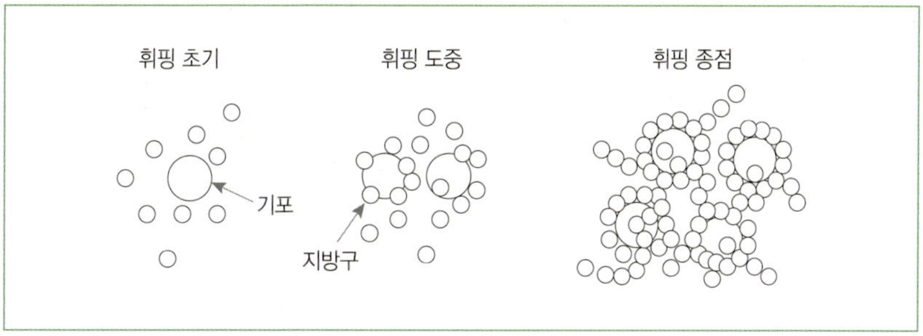

즉, ① 큰 기포가 들어가면서 지방구 피막이 파괴되는 과정

② 서서히 기포 주변에 파괴된 지방구가 모이는 과정

③ 모이는 양이 많아짐에 따라 연결고리가 사슬모양에서 그물모양으로 바뀌면서 점도가 증가하는 과정

④ 구조가 더욱 치밀해져 휘핑크림이 견고해지는 과정 등에 의해 적당한 부풀림을 얻게 되는 것이다.

- **휘핑 시간에 따른 크림상태 변화**
  ① 적정 휘핑 상태 : 보통의 상태는 떠올렸을 때 부드러운 뿔 모양이 생기면서 그 끝이 약간 휘어지는 정도
  ② 그레이닝(Grainning) 상태 : 매끄러운 조직이 차츰 거칠어지기 시작하는 단계
  ③ 처닝(Churning) 상태 : 버터화 지점, 과도한 휘핑으로 수분과 고형분이 분리되면서 유지방이 덩어리지는 단계

- **좋은 휘핑크림의 조건**
  ① 풍미와 식감이 좋아야 한다 : 입 안에 넣었을 때 사르르 녹는 감촉과 청량감
  ② 케이크 아이싱 시 매끄러운 표면과 윤기
  ③ 보형성, 보습성 : 완성 후 흘러내리거나 주저앉지 않고 지속적인 형태 유지
  ④ Over Run : 휘핑 시 적절한 부피 증가율
  ⑤ 데커레이션 후 아름답고 깨끗하며 적당한 굳기를 갖는 것

이러한 조건을 갖춘 휘핑크림의 취급과 보관에서 가장 중요한 요인은 온도
① 3단계의 지속적 보냉 시스템과 작업 시의 온도
② 휘핑온도 4~8℃
③ 겨울철은 10℃도 무방
④ 크림의 보관이나 품온 3~7℃
⑤ 작업장 온도 20~23℃
⑥ 쇼케이스 온도 10~13℃

버터크림(Creme au beurre)

- **이탈리안 머랭을 이용한 버터크림(Creme au beurre a la meringue italienne)**
  이탈리안 머랭은 거품을 올린 흰자에 118℃까지 끓인 시럽을 넣어 만든 머랭을 지칭한다. 이탈리안 머랭을 섞어 만든 버터크림은 머랭 특유의 가볍고 부드러운 식감이 그대로 살아 있기 때문에 타 재료를 첨가하거나 다른 크림과 혼합해도 첨가된 재료 본래의 맛을 살려주므로 다양하게 응용할 수 있다. 또한 노른자를 사용한 크림보다 저렴하고 작업성도 간단하며 뜨거운 시럽으로 계란을 살균하기 때문에 세균번식이 적어 기온이 높은 여름철에 사용하기 좋다.

기본배합
설탕 300g, 물 90g, 흰자 150g, 버터 350g, 브랜디 소량

① 물과 설탕을 냄비에 넣고 끓인다.
② ①이 끓기 시작하면 흰자의 거품을 올린다.
③ 118℃까지 끓인 시럽을 ②에 넣으면서 중속으로 거품을 올린다.
④ ③을 35℃까지 식힌 후 실온 상태의 버터를 넣고 거품을 올린다.

⑤ 브랜디를 혼합한다.

Tip 시럽을 끓일 때 물을 넣은 후 설탕에 물을 충분히 흡수시킨 후 끓인다.

응용 – 오렌지 버터크림

이탈리안 머랭을 이용한 버터크림 400g, 노른자 350g, 설탕 400g, 오렌지주스 300g
오렌지 피 2개분, 버터 625g

① 노른자, 설탕을 섞어준다.
② 오렌지주스를 ①과 섞고 84℃까지 끓인다(앙글레즈 크림).
③ ②를 체에 걸러 25~30℃까지 식힌다.
④ 포마드 상태의 버터와 ③을 섞는다.
⑤ ④의 크림에서 90g을 덜어 이탈리안 머랭 버터크림과 섞는다.

응용 – 헤이즐넛 버터크림

이탈리안 머랭을 이용한 버터크림 200g, 헤이즐넛 프랄리네 60g

① 버터크림과 헤이즐넛 프랄리네를 비슷한 온도로 맞춘 후 섞어준다.

전란을 이용한 버터크림(Creme au beurre expeditif)

이탈리안 머랭이나 노른자를 이용한 버터크림의 장점을 조화시킨 이 크림은 각종 버터크림 중 가장 효율적인 크림이라 볼 수 있다.
전란에 끓인 시럽을 넣어 믹싱 후 버터를 섞어 만들며 맛은 노른자를 사용한 크림 못지않다. 간단한 공정으로 진한 맛과 풍미를 낼 수 있는 점이 이 크림의 특징이다.

기본배합

물 100g, 설탕 300g, 물엿 19g, 쇼트닝 94g, 버터 594g, 계란 4개분, 바닐라 향 소량

① 물과 설탕, 물엿을 섞고 115℃까지 끓인다.
② 풀어준 계란에 ①을 서서히 넣으면서 중속으로 거품을 올린다.
③ ②가 따뜻할 때 쇼트닝을 섞는다.
④ ③이 25℃ 정도 식으면 버터를 넣고 거품을 올린다.
⑤ 바닐라 향을 혼합한다.

응용 – 초콜릿 버터크림

전란을 이용한 버터크림 1,250g, 생크림 62.5g, 다크 초콜릿 62.5g

① 생크림을 끓인 후 다진 다크 초콜릿과 섞는다.
② 초콜릿이 완전히 녹을 때까지 섞은 후 실온에서 식힌다.
③ 버터크림과 ②를 비슷한 온도에서 섞는다.

앙글레즈 소스를 이용한 버터크림(Creme au beurre anglais)

노른자, 설탕, 우유를 끓여 만든 앙글레즈를 버터와 혼합하여 만든 크림으로, 커스터드를 이용한 크렘 무슬린과 유사한 풍미를 느낄 수 있다.

기본 베이스가 되는 앙글레즈 소스 제조법이 조금 까다롭고 위생적인 보관과 관리가 어려운 단점이 있지만, 부드럽고 풍부한 맛은 여느 버터크림보다 탁월하다.
깊은 풍미를 내는 크림이 그렇듯 이 크림도 초콜릿이나 프랄리네 같이 강한 소재보다는 바닐라나 레몬 등으로 산뜻하게 가미하는 것이 잘 어울린다.

기본배합

설탕 500g, 노른자 16개분, 우유 500g, 버터 1,000g

① 우유를 끓인다.
② 설탕과 노른자를 섞고 하얗게 될 때까지 거품을 올린다.
③ ①과 ②를 섞고 체에 거른 후 83~84℃까지 끓인다.
④ ③을 완전히 식힌 후 크림상태의 버터와 섞고 거품을 올린다.

생크림(Chantilly Cream) 만들기

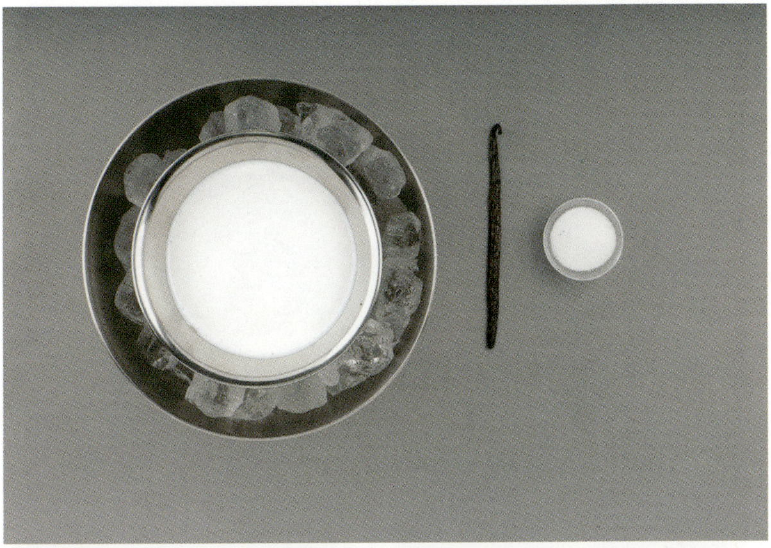

재료

- □ 생크림 200g
- □ 설탕 20g
- □ 바닐라빈

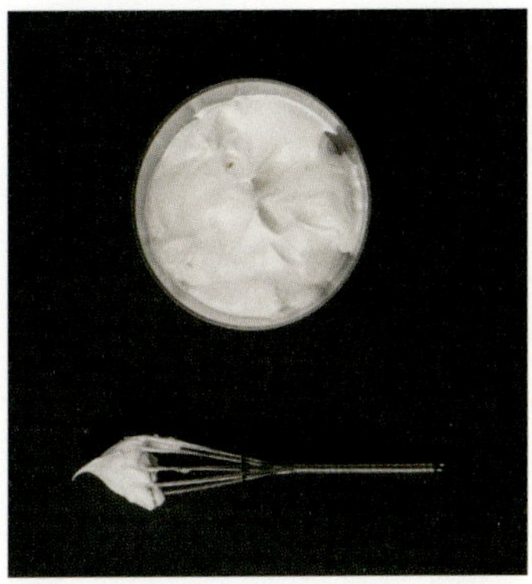

❶ 생크림을 믹싱볼에 넣고 얼음물에 얹은 후 바닐라빈을 반으로 잘라서 속안의 씨를 긁어서 넣어준다.

❷ 거품이 만들어지기 시작하면 설탕을 넣고 휘핑한다.

❸ 사용 용도에 맞게 필요한 정도로 거품을 올려서 사용한다.

버터크림(Butter Cream) 만들기

재료

- □ 물 50g
- □ 설탕 A 150g
- □ 계란 흰자 140g
- □ 설탕 B 30g
- □ 버터 450g

❶ 냄비에 물, 설탕 A를 넣고 끓인다.

❷ 냄비의 온도가 118℃까지 되도록 끓여준다.

❸ 과정 ❷가 약 90℃가 되었을 때 흰자에 설탕 B를 넣고 휘핑을 시작한다.

❹ 118℃로 끓은 시럽을 ❸에 서서히 넣어주며 고속으로 휘핑하여 이탈리안 머랭을 만든다.

❺ 완성된 머랭에 차가운 버터를 조금씩 나누어 넣어주며 휘핑한다.
(머랭이 너무 따뜻하면 버터가 녹아서 크림성이 없어지므로 머랭을 약 40℃ 정도로 식으면 버터를 넣는다)

❻ 버터를 다 첨가한 후 버터와 머랭이 서로 잘 섞이도록 조금 더 휘핑해준 후 크림을 완성한다.

데커레이션에 사용하는 기본 도구

기본 도구

1 믹서	9 가위
2 빵칼	10 짤 주머니
3 스패튤러	11 붓
4 모양깍지	12 고무 주걱
5 꽃받침	13 돌림판
6 자	14 연습용 나무틀
7 데커용 체	15 저울
8 거품기	

스패튤러 사용법

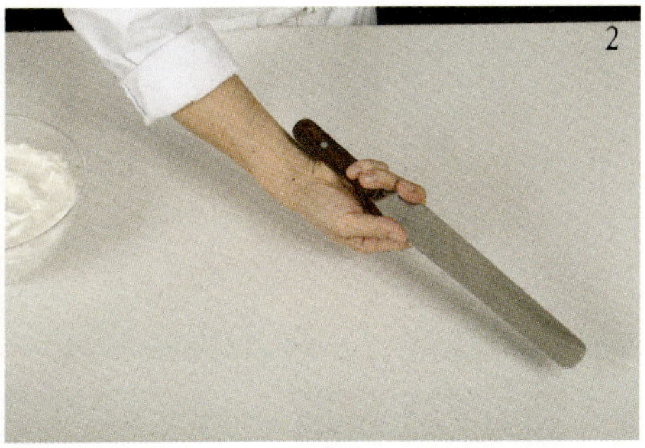

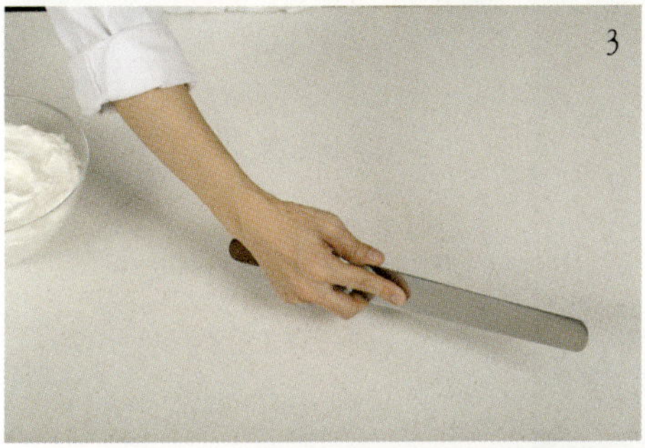

케이크 아이싱을 하기 위해서는 스패튤러 잡는 법이 가장 중요하다.

❶ 사진 1, 2, 3과 같이 손목의 힘을 빼고 스패튤러를 짧게 잡는 것이 크림을 바르기 편리하다.

❷ 크림을 스패튤러로 떠서 사용할 때는 그릇의 벽면을 이용하여 스패튤러 옆면에 묻은 크림을 둥글게 정리하여 사용한다.

짤 주머니 접는 법(유산지)

❶ 유산지는 자를 이용해 대각선으로 잘라준다(사진 1). 수분에 강한 매끈한 부분이 안쪽으로 가도록 접어준다(사진 2).
❷ 자른 부분의 삼각형 중심부분을 사진 2와 같이 왼손으로 살짝 눌러 고정시킨 뒤 오른손으로 부드럽게 종이를 말아준다 .
❸ 왼손의 중심 부분이 움직이지 않도록 주의하며 끝까지 말아 주고 돌출된 부분은 안쪽으로 접어 풀리지 않게 고정시켜 사용한다(사진 6).
❹ 수분이 많은 생크림을 사용할 때는 2장을 겹쳐 사용한다.

짤 주머니 접는 법(비닐)

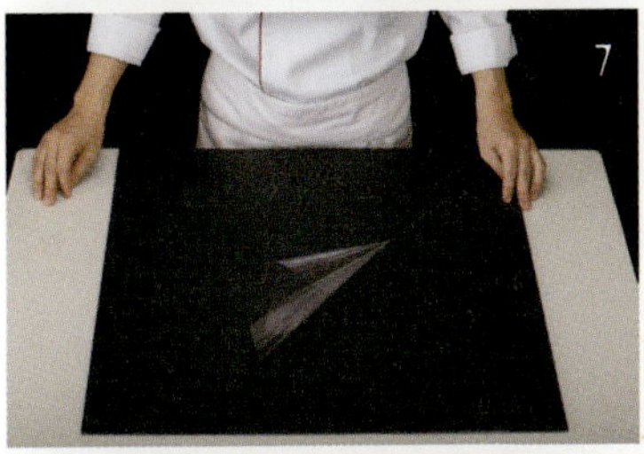

❶ 유산지 짤 주머니 접는 법과 동일하게 말아준다.

❷ 비닐 짤 주머니는 수분이 많은 크림이나 초콜릿을 이용한 사인 작업 시 사용하기 편리하며, 짤 주머니의 끝 부분이 뾰족하게 빈틈이 없이 말아야 재료가 흐르지 않는다.

케이크 아이싱하기

원형 케이크 아이싱하기

❶ ❷ ❸ 모형 나무 윗면에 스패튤러를 사용하여 크림을 조금씩 반복적으로 회전판을 돌리면서 발라준다.

❹ ❺ 윗면 전체에 균일하게 발라준 후, 스패튤러를 고정하고 회전판을 돌려주며 윗면을 매끄럽게 아이싱한다.

원형 케이크 아이싱하기(삼각콤 사용)

⑥ ⑦ ⑧ 옆면은 8시 방향에서 시작하고 돌림판은 시계방향으로 돌려가며 반복적으로 발라준다.

⑨ 옆면을 바른 후 스패튤러를 8시 방향에서 날을 약 45도로 세워서 고정시켜 돌림판만 시계방향으로 돌리며 매끈하게 아이싱 해준다.

⑩ 윗면 정리는 2~3시 방향에서 스패튤러를 사용하여 크림을 조금씩 깍아준 후, 윗면의 수평이 맞도록 정리하여 아이싱을 마무리한다.

⑪ ⑫ ⑬ 삼각콤을 사용하여 옆면에 약 45도 각도로 기울여 돌림판을 시계방향으로 돌리며 무늬를 낸다.

⑭ ⑮ 윗면을 끝부분부터 조금씩 깍아준 후, 전체적으로 평평하도록 해주며 무늬를 내준다.
(윗면은 스패튤러로 먼저 평평하게 정리해준 후, 삼각콤으로 무늬를 내주어도 된다)

돔형 케이크 아이싱하기

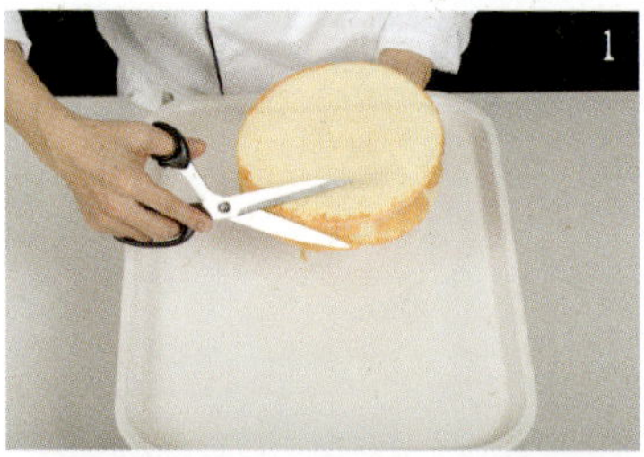

❶❷❸ 원형 스펀지 케이크를 가위로 윗면 모서리를 잘라 돔형태로 만든다.
❹❺❻❼❽❾ 윗면과 옆면을 원형 케이크 아이싱하기처럼 한다.
❿⓫⓬⓭ 스패튤러를 사용하여 어느 정도 다듬어 준 후, 두꺼운 필름을 살짝 휘어지게 하여 옆면을 돔 모양으로 아이싱해준다.
⓮ 스패튤러로 윗면을 깔끔하게 정리한다.

시폰 케이크 아이싱하기

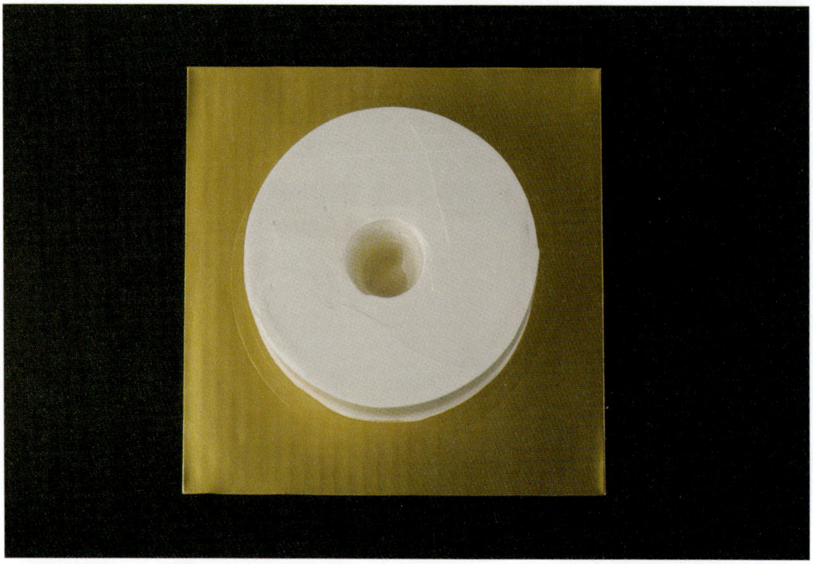

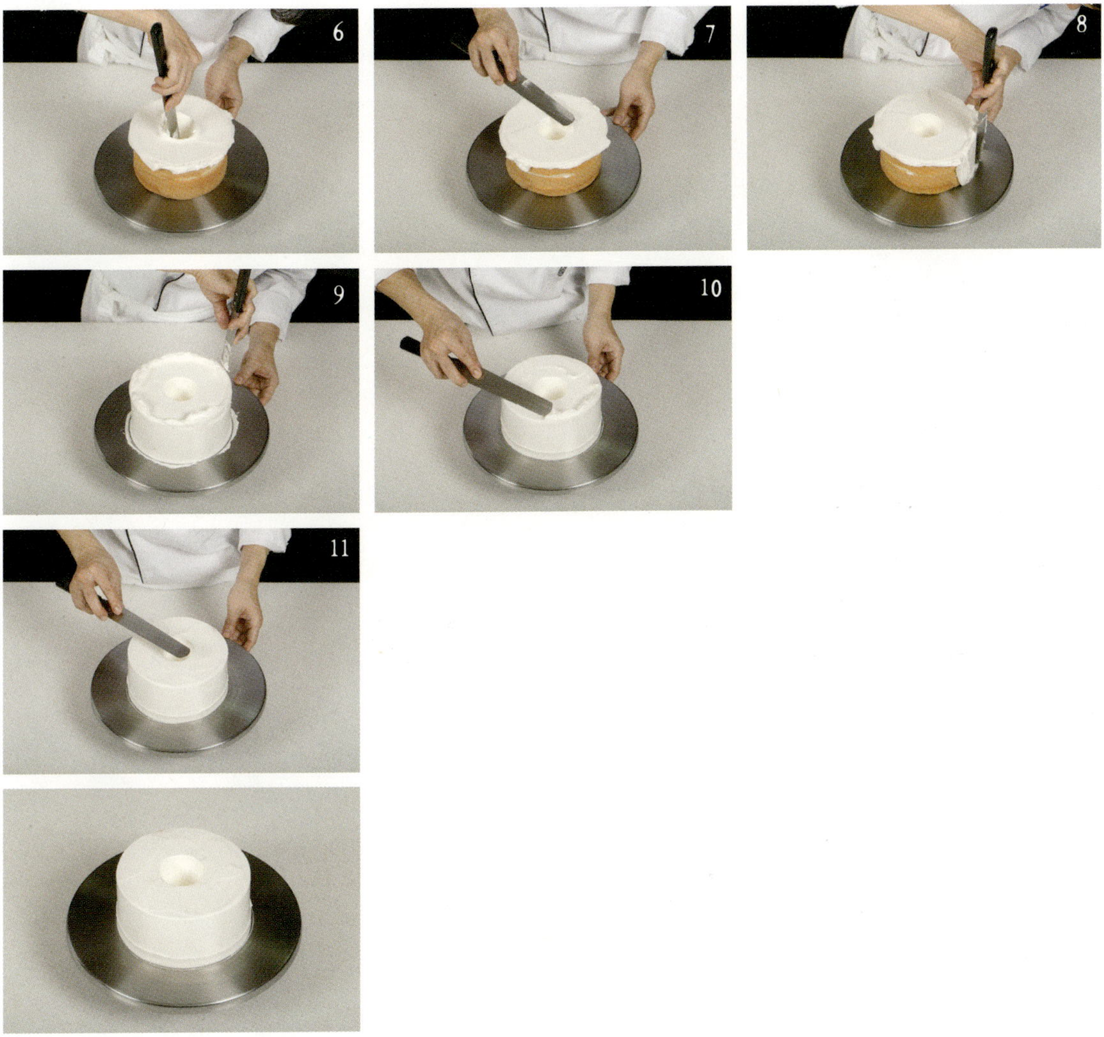

❶ ❷ ❸ 샌드한 시폰 케이크 중앙에 크림을 채워 아이싱을 한다.
❹ ❺ ❻ ❼ 윗면 중앙에 구멍을 내준다.
❽ ❾ ❿ 옆면을 아이싱 한다.
⓫ 윗면의 크림을 잘 정리하여 아이싱을 마무리한다.

사각 케이크 아이싱하기

❶❷❸❹❺❻ 윗면은 원형 케이크와 동일한 요령으로 아이싱을 하고 윗면을 평평하게 바른다.

❼ 옆면의 모서리 각이 잘 유지되도록 아이싱한다.

❽ 윗면을 정리할 때는 모서리에서 시작해야 깔끔하게 정리할 수 있다.

하트 케이크 아이싱하기

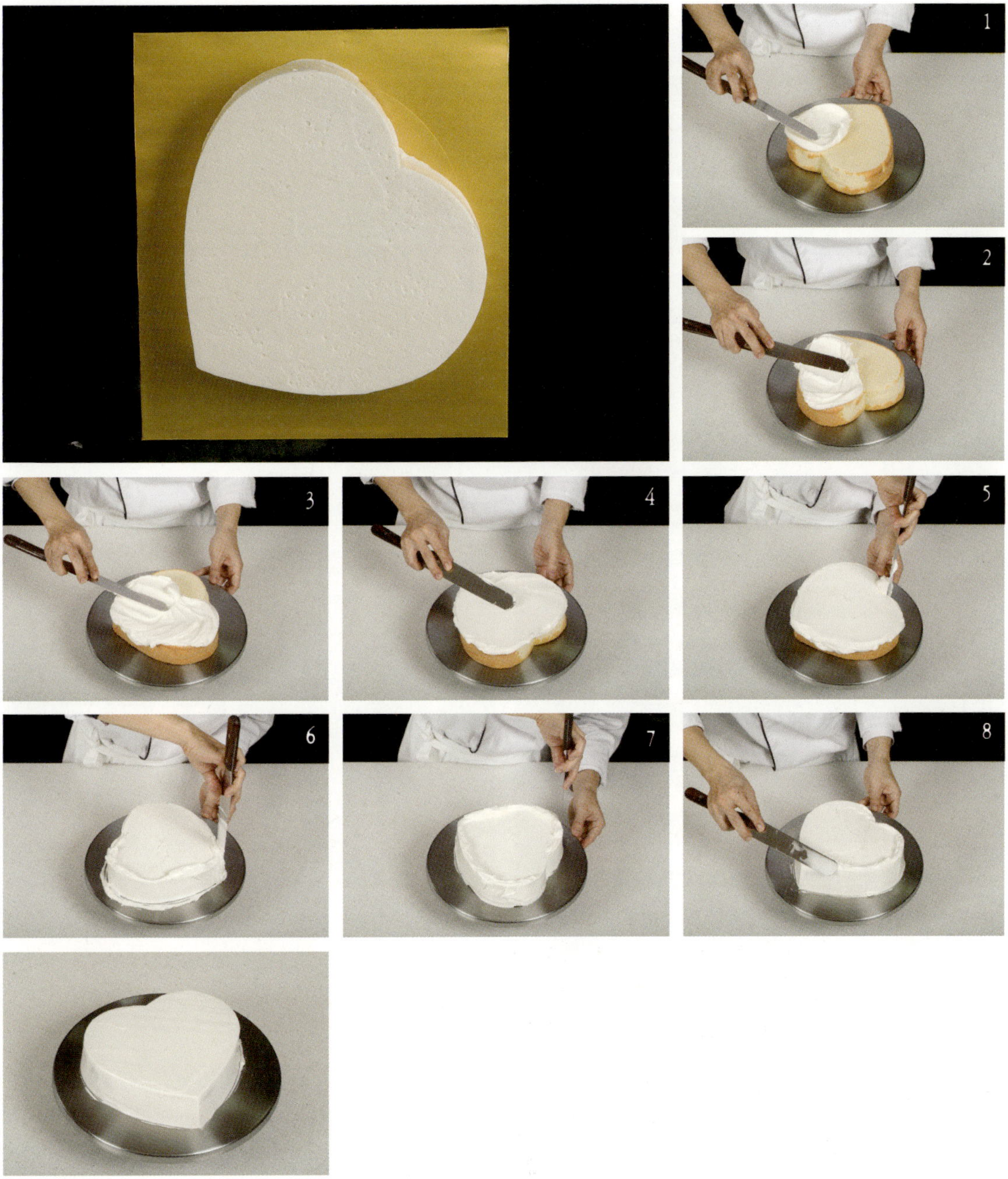

❶ ❷ ❸ ❹ 원형 케이크와 같은 요령으로 아이싱하되, 하트모양이 되도록 한다.

❺ ❻ ❼ ❽ 옆면을 아이싱할 시에는 스패튤러의 앞 뒷면을 힘 조절하여 하트 굴곡을 아이싱한다.

크림 짜기

기본 깍지의 다양한 모양 알아보기

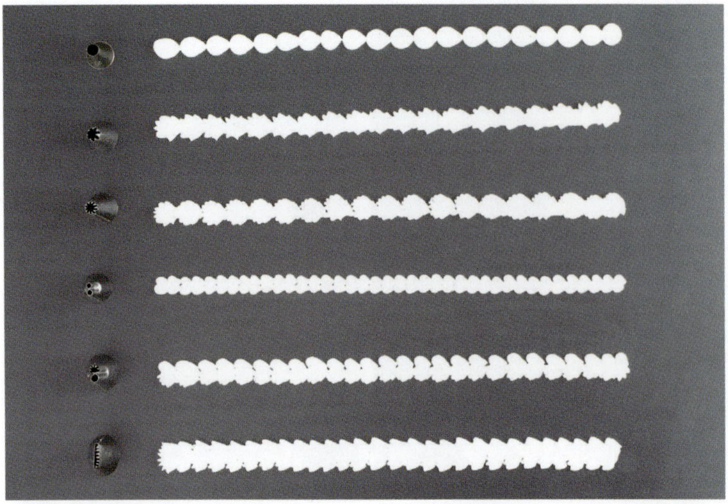

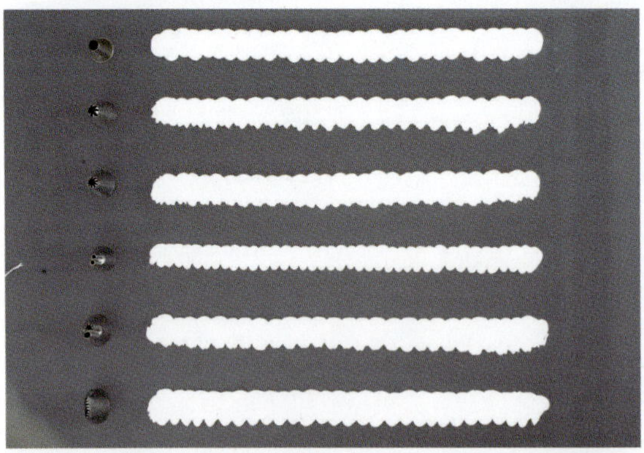

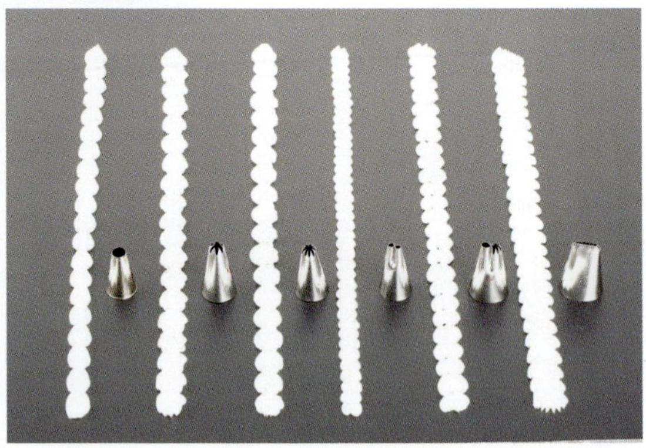

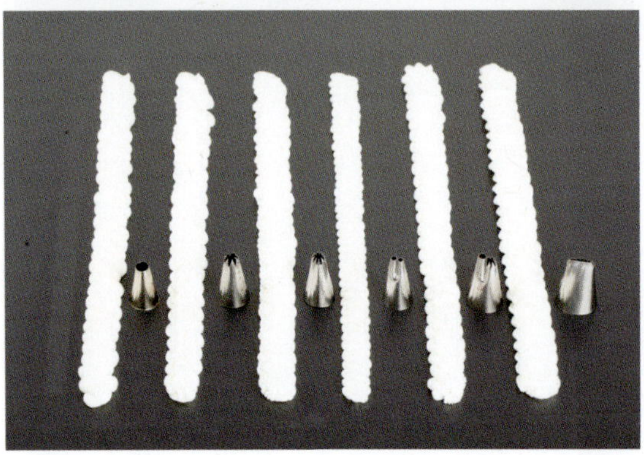

❶ 데커레이션 기법은 사용하는 모양깍지에 따라 다양한 모양을 낼 수 있는데, 일정한 손의 압력을 이용해 크기와 간격이 규칙적인 모양을 이루도록 짜 주는 것이 중요하다.

❷ 일정한 힘을 주어 부드러운 곡선을 살려 원형으로 돌려주는 꾸준한 연습이 필요하다.

원형 모양깍지 짜기

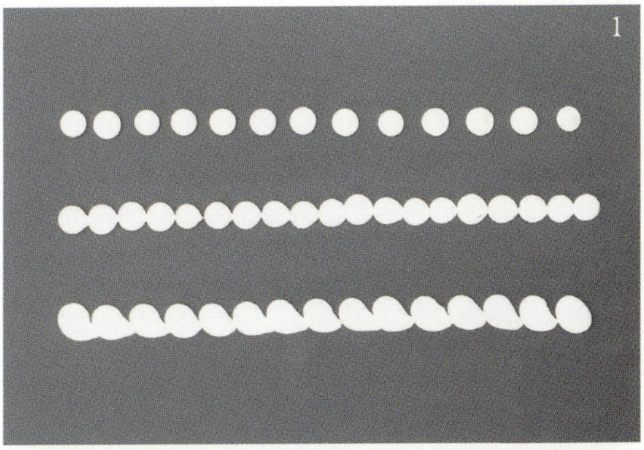

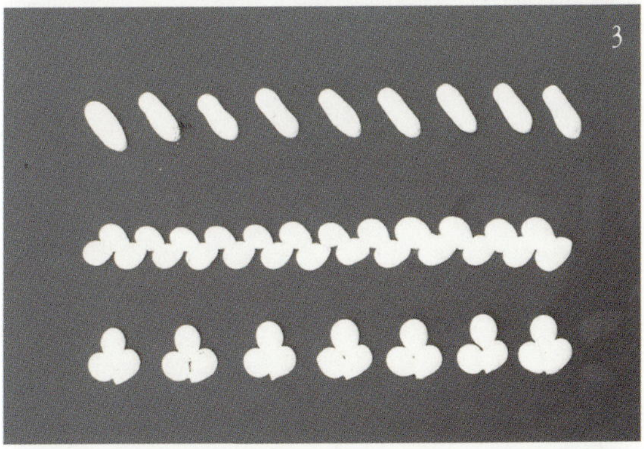

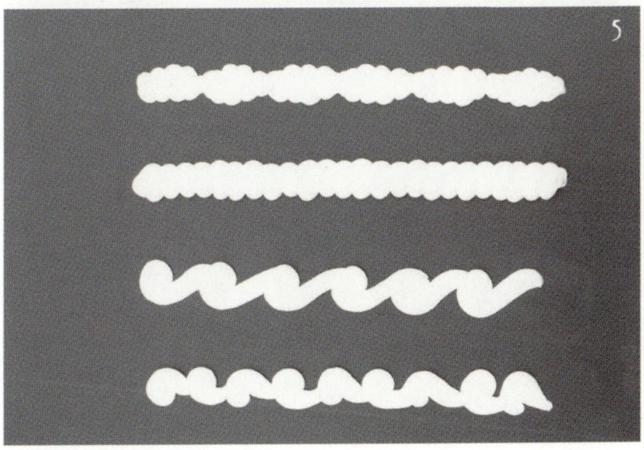

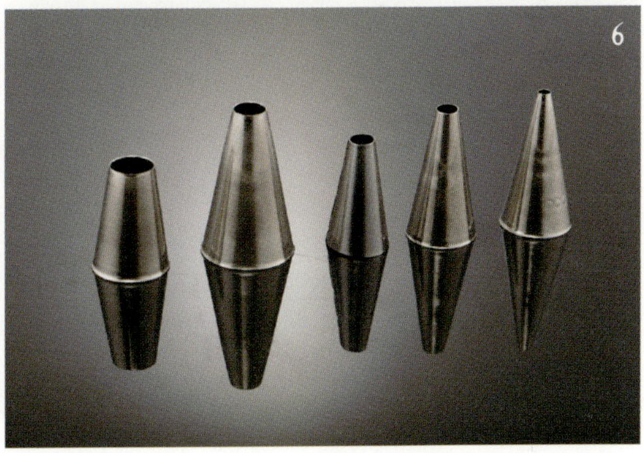

① 원형 모양깍지는 별 모양깍지에 비해 일정한 모양을 내기 어려워 많은 연습이 필요하며, 섬세한 힘 조절이 요구된다.

② 짤 주머니에 적당량(본인의 힘 조절 가능범위 기준)의 크림을 넣고 올바른 자세를 유지하여 크림을 일정하게 짜준다.

③ 오른손은 압력을 조절하여 일정한 힘이 크림에 주어질 수 있도록 하고, 왼손은 힘을 빼고 짤 주머니를 살며시 지지해 준다.

별 모양깍지 기본 짜기

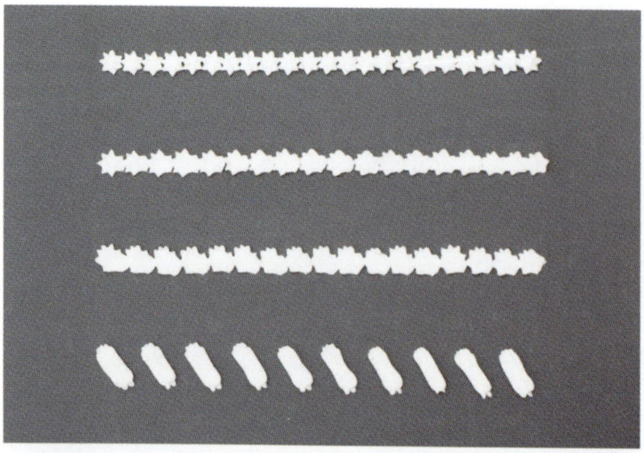

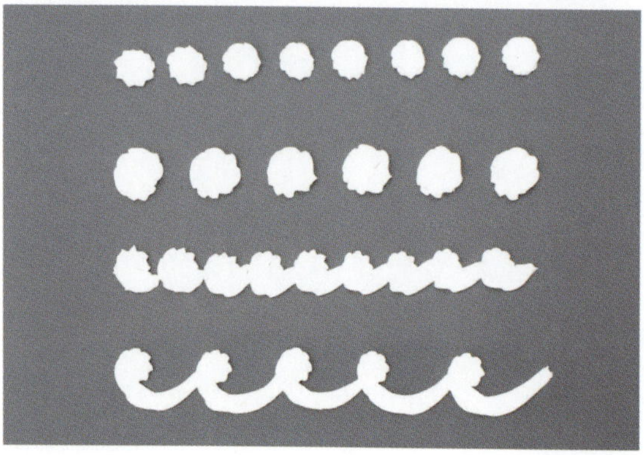

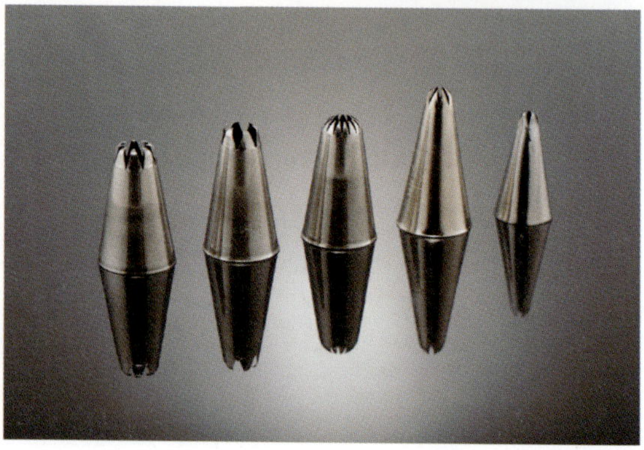

❶ 별 모양깍지는 데커레이션에 가장 활용도가 높으며, 원형 깍지에 비해 단시간의 연습으로도 예쁜 모양을 낼 수 있는 장점이 있어 초보자들이 가장 먼저 사용하게 되는 깍지이다.

❷ 짤 주머니를 직각으로 유지하고, 바닥 면에 일정하게 붙여서 짜주어야 일정한 모양이 잘 만들어진다.

별 모양깍지 8자 모양 짜기

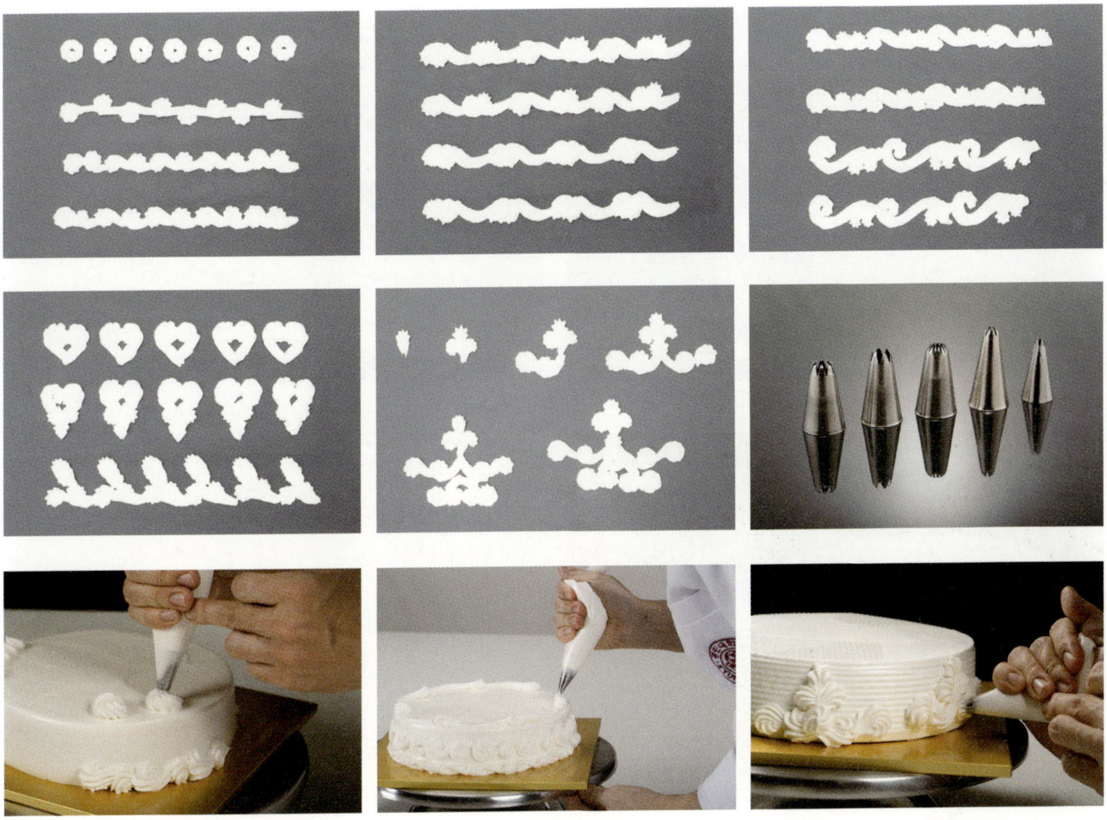

❶ 원형과 둥근 모양의 곡선이 부드럽게 살아 있어야 예쁜 모양이 완성되며, 짤 주머니를 직각으로 유지하여 세워서 짜는 것이 기본이다.

❷ 일반적으로 시계방향과 반시계방향을 모두 연습하여야 자유롭게 응용할 수 있으며, 옆면을 데커레이션하기 위해서는 더 많은 연습이 필요하다.

별 모양깍지 연속 짜기

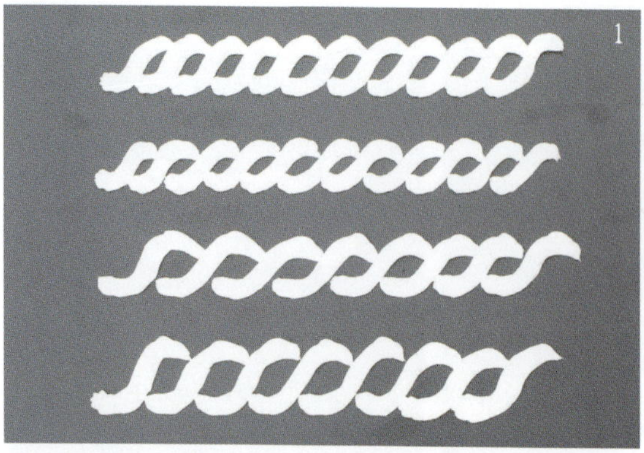

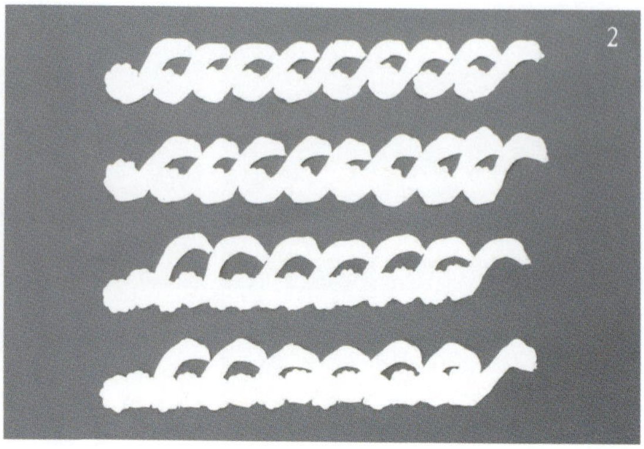

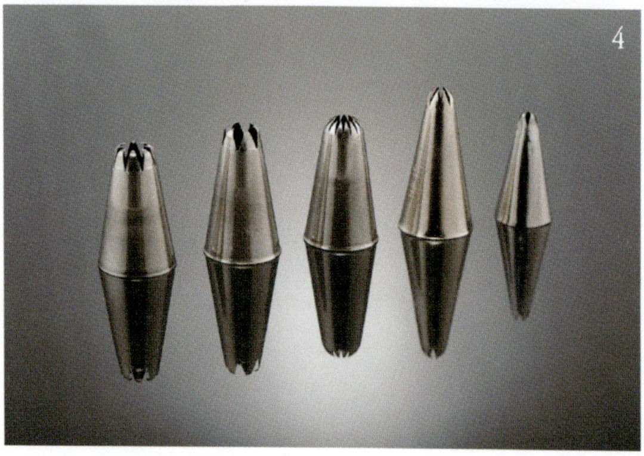

❶ 연속 짜기는 높이가 높은 케이크에 많이 활용하는 방법이며 1번 사진과 같은 기본 방법을 기준으로 다양하게 응용이 가능하며, 높이와 간격, 원형과 8자 모양을 복합적으로 적용하여 디자인할 수 있다.

❷ 손의 일정한 압력과 균형 있는 곡선을 유지하여야 하며, 데커레이션의 일정한 각도를 유지하도록 주의해야 한다.

가는 선 짜기

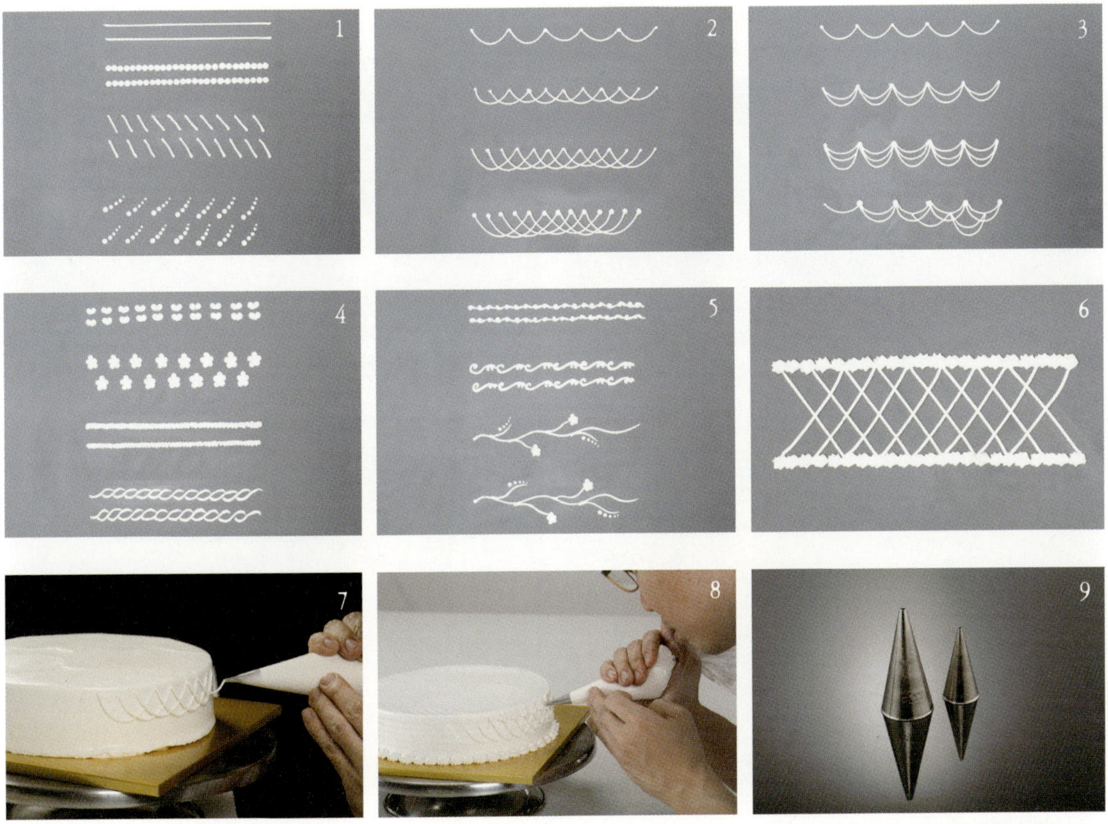

❶ 가는 선 짜기는 직선 짜기와 사선 짜기, 곡선 짜기 등 다양하게 활용할 수 있는 방법이며, 2, 3번과 같이 케이크 옆면에 장식하는 무늬로 많이 사용한다.

❷ 긴 직선이나 곡선 짜기를 할 때는 7번과 같이 살짝 들어서 짜주어야 하며, 크림의 되기를 잘 조절해 사용하여야 끊어지지 않고 완성할 수 있다.

다양한 모양 짜기 1

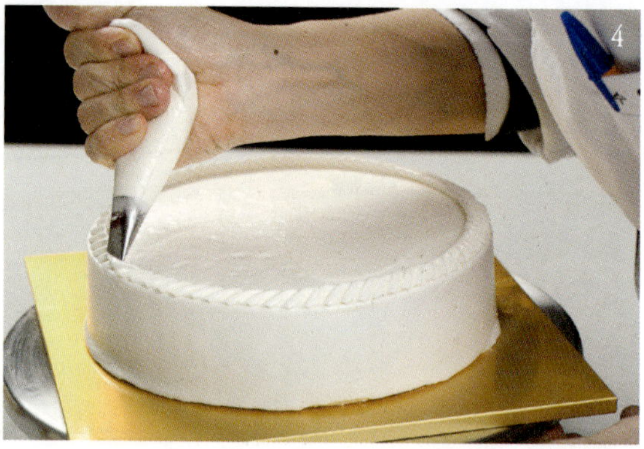

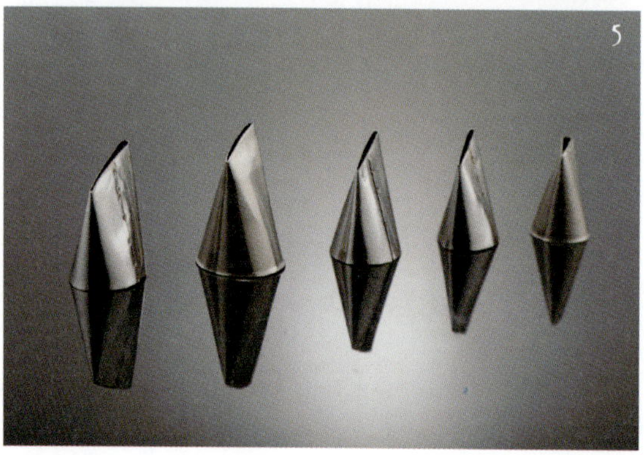

❶ 장미 모양깍지는 다양한 레이스를 짜는 데 용이하며, 다른 방법에 비해 손의 압력을 세게 해 주어야 규칙적인 레이스나 주름이 완성된다.

❷ 4번의 주름 짜기는 오른손엔 일정한 힘을 주고, 왼손으로 돌림판을 일정한 속도로 돌려주어 한 번에 완성해야 한다. 중간에 멈추거나 크림이 끊어지면 예쁜 모양을 얻기 어렵다.

❸ 깍지의 각도나 손의 압력에 따라 주름의 양과 잡히는 모양이 다르므로 연습을 통해 충분히 익히도록 한다.

다양한 모양 짜기 2

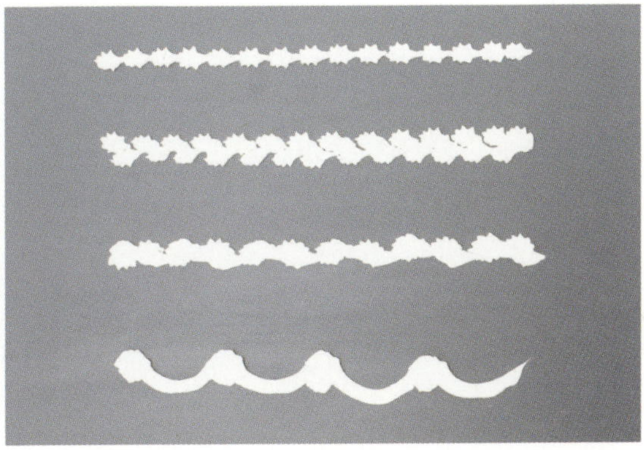

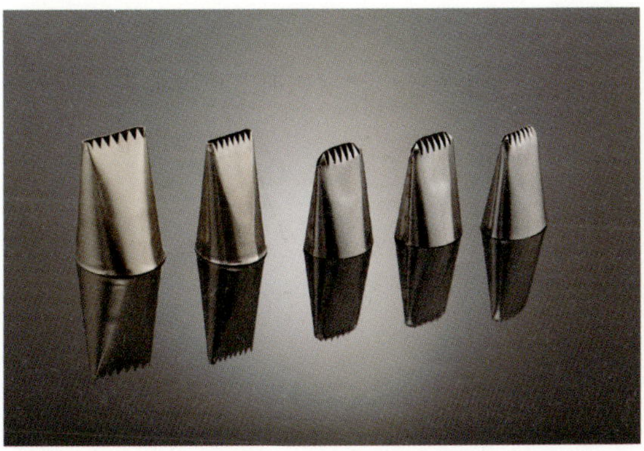

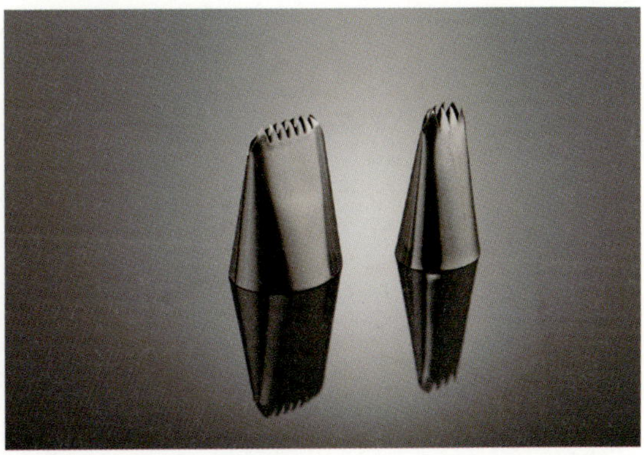

다양한 모양 짜기 3

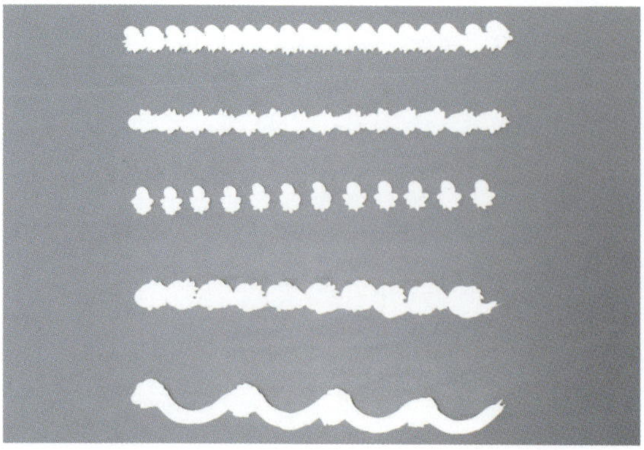

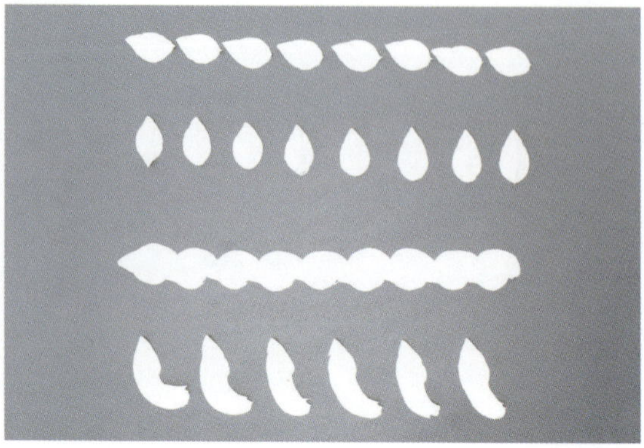

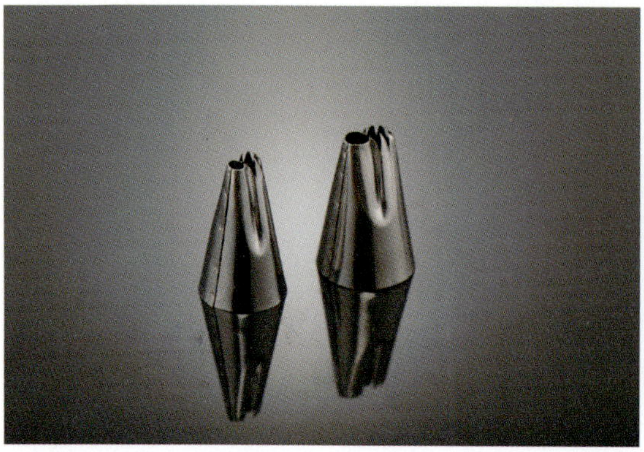

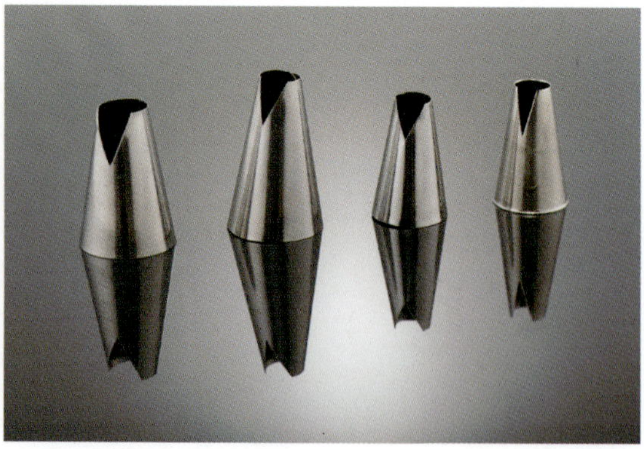

다양한 모양 짜기 4

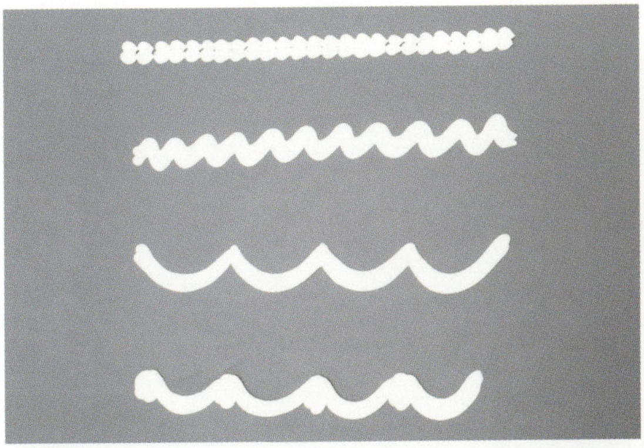

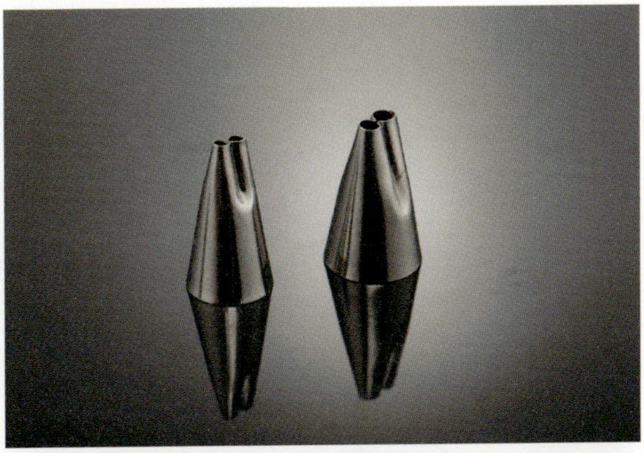

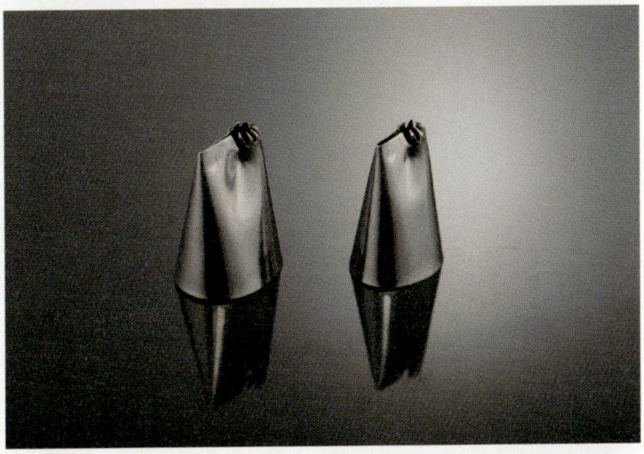

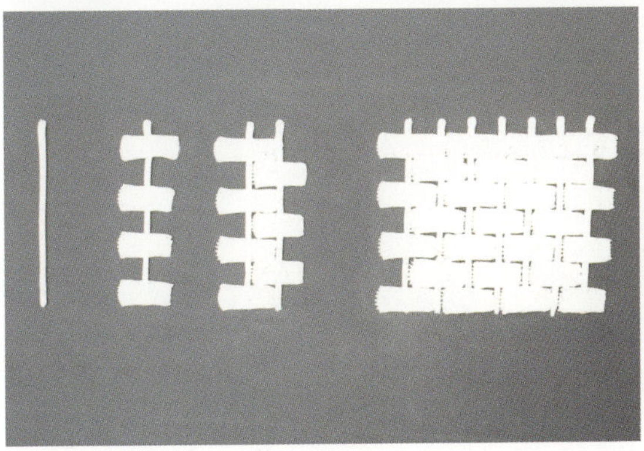

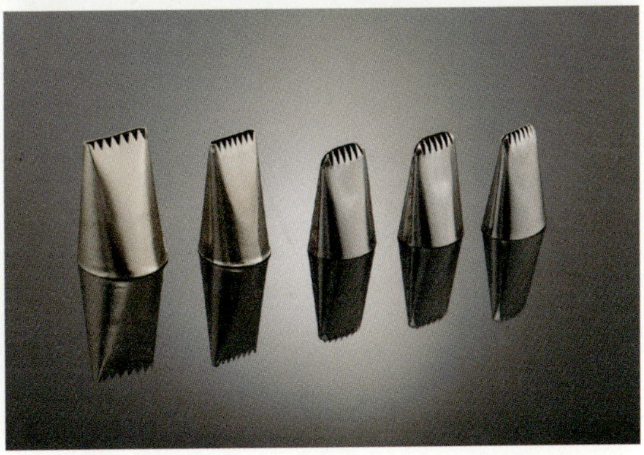

데커레이션 기법은 사용하는 모양깍지에 따라 다양한 모양을 얻을 수 있는데, 모양깍지별로 연출되어지는 모양을 익혀 두어 필요 시 다양하게 응용할 수 있도록 한다.

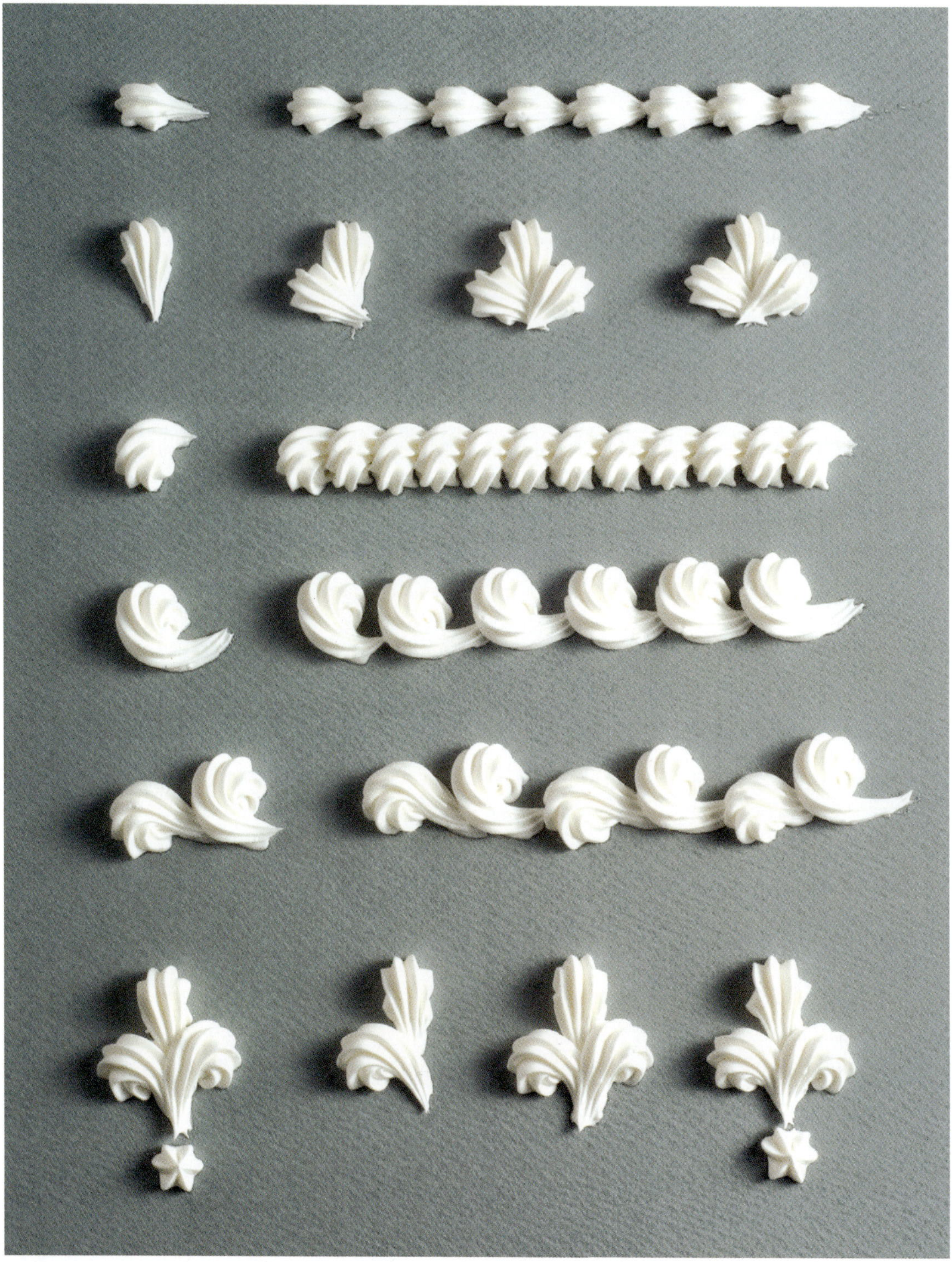

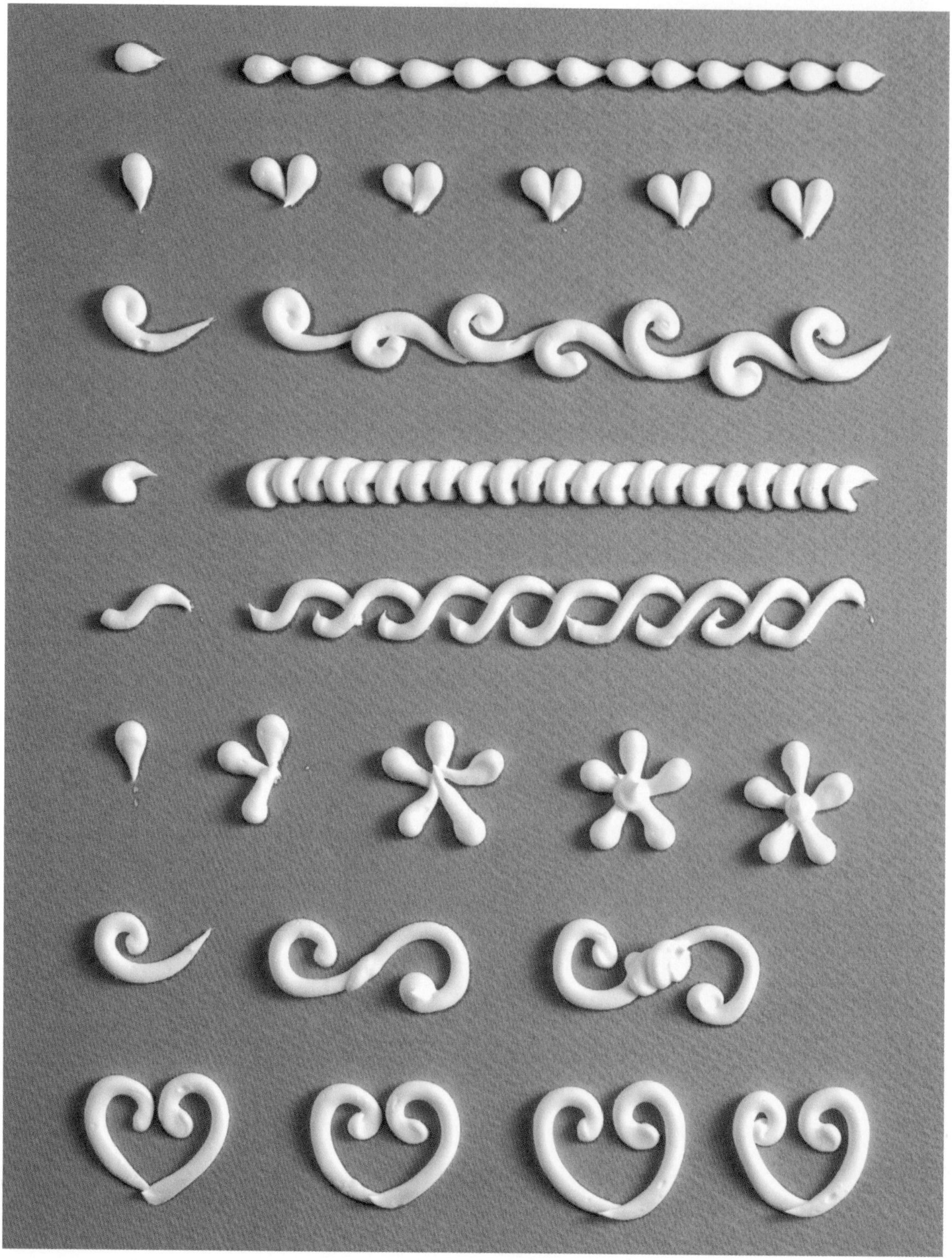

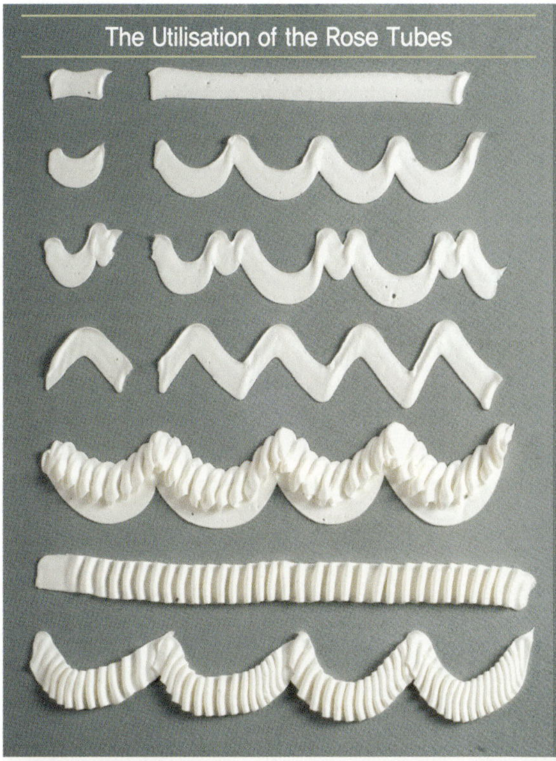
The Utilisation of the Rose Tubes

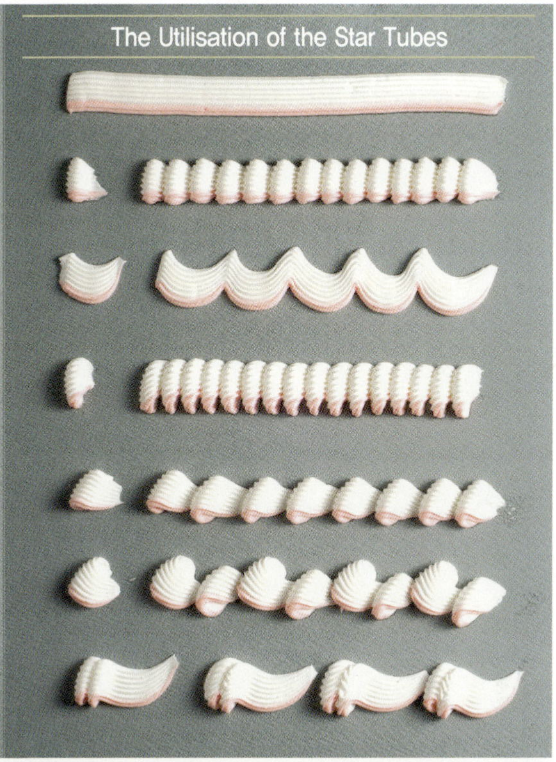
The Utilisation of the Star Tubes

The Fine Line Technique

The Fine Line Technique

글씨 쓰기

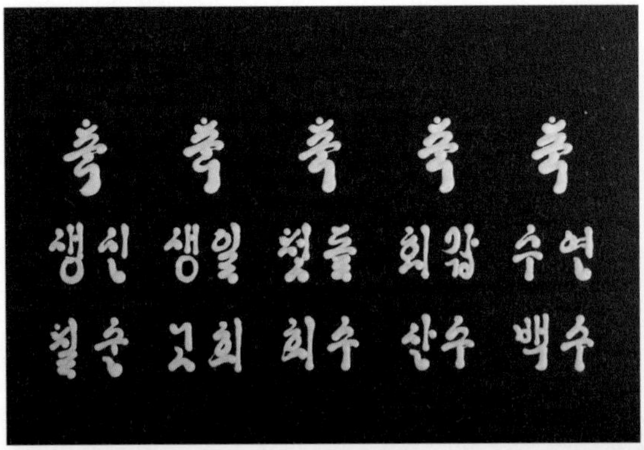

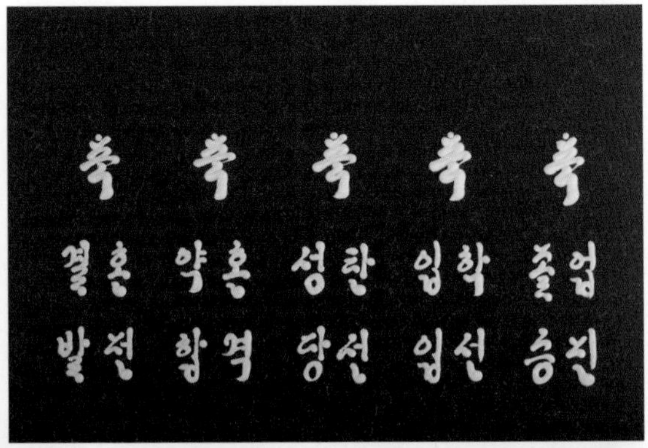

❶ 사인에 사용하는 사인 버터나 초콜릿은 온도에 따라 되기가 달라질 수 있으므로 장시간 사용 시 적정한 되기를 조절하여 사용한다.

❷ 사인 버터를 사용할 때는 손의 열에 의하여 버터가 녹아 기름이 배어나오므로 유산지보다는 비닐 짤 주머니를 만들어 사용하는 것이 좋다.

The Technique of Lettering

The Utilisation of the Round Tubes

케이크 완성품 1

케이크 완성품 2

케이크 완성품 3

케이크 완성품 4

케이크 완성품 5

생크림 꽃 케이크

❶ 휘핑크림으로 아이싱한 후 스패튤러로 찍으면서 옆면에 무늬를 만든다.
❷ 장미잎 깍지로 3~4색 장미를 짜서 장식한다.
❸ 장미 잎사귀를 짜고 완성한다.

❶ 휘핑크림에 파란색으로 색을 만들어 아이싱한다.
❷ 장미잎 깍지로 피어있는 흰색 장미를 짠다.
❸ 지름 0.2cm 원깍지로 옆면에 물방울을 짠다.
❹ 노란 연두색으로 장미잎사귀를 짜고 완성한다.

❶ 휘핑크림으로 아이싱한 후 장미잎 깍지로 돌려가며 옆에서 위에까지 데커레이션한다.
❷ 장미를 짜서 올리고 사인판으로 장식한다.

❶ 휘핑크림으로 아이싱한 후 옆면을 위 아래로 흔들며 무늬를 낸다.
❷ 장미잎 깍지로 꽃을 짜고 에어브러시 해준다.

생크림 생화 케이크

❶ 휘핑크림으로 아이싱한다.
❷ 지름 0.2cm 원깍지로 데커레이션한다.
❸ 미니 장미를 장식한다.

❶ 생크림을 사용해 돔형태로 아이싱 한다.
❷ 장미를 하트 형태로 장식한다.
❸ 중앙에 크림으로 봉황새 두 마리를 짠다.

❶ 휘핑크림에 노란색과 연두색으로 색을 만들어 아이싱한다.
❷ 옆면을 스패튤러로 찍듯이 무늬를 만든다.
❸ 생화(리시안셔스)로 장식한다.

❶ 휘핑크림으로 아이싱한다.
❷ 윗면에 스패튤러로 찍듯이 무늬를 만든다.
❸ 생화를 중앙이 높게 장식한다.

생크림 딸기 케이크

❶ 두꺼운 필름을 사용해 생크림을 돔형으로 아이싱한다.
❷ 계절과일로 장식하고 초콜릿을 붙여 완성한다.

❶ 투명띠지를 사용해 생크림을 돔형태로 완성한다.
❷ 스푼을 사용해 생크림을 알모양으로 떠올린다.
❸ 물엿을 150℃에서 15분 정도 구워 장식한다.

❶ 생크림을 아이싱한 후 스패튤러로 옆면에 무늬를 낸다.
❷ 원깍지로 안에서 밖으로 데커레이션한다.
❸ 넛츠를 붙여주고 과일로 장식한다.

❶ 생크림으로 아이싱을 한다.
❷ 초콜릿으로 붙여주고 과일을 장식한다.

생크림 동물 케이크

❶ 생크림으로 아이싱한다.

❷ ① 지름 1.5cm ② 0.2~0.3cm 원깍지를 준비한다.

❸ 돼지 : ①의 원깍지에 핑크색 크림으로 몸통과 머리를 1:1 비율로 짠 후 눈, 코, 입, 귀, 발을 짠다.

❹ 사자 : ②의 원깍지에 오렌지색 크림으로 발을 짜주고 그 위에 ①의 깍지로 몸통과 머리를 1:1 비율로 짠다. 진한 갈색 크림으로 사자갈퀴를 짜고 눈, 코, 입을 완성한다.

❺ 호랑이 : ②의 원깍지에 오렌지색 크림으로 발을 짜주고 그 위에 ①의 깍지로 몸통과 머리를 1:1 비율로 짠다. 오렌지색과 흰색으로 눈, 코, 입 표정을 완성한다.

❻ 팬더 : ①의 원깍지에 흰색 크림으로 몸통과 머리를 짜고 갈색으로 발과 눈, 코, 입을 완성한다.

❼ 코끼리 : ①의 원깍지에 핑크색으로 몸통과 머리를 1:1 비율로 짠다. ②의 깍지로 발과 코, 귀, 눈을 짠다.

❽ 불독 : ②의 깍지로 갈색크림으로 발을 짠다. ①의 깍지로 몸통과 머리를 짜고 ②의 깍지로 심술과 귀, 눈, 코를 짠다.

스위스 머랭꽃 케이크

❶ 흰자 100g, 설탕 200g으로 60℃로 중탕하여 스위스 머랭을 만든다.

❷ 장미잎깍지로 스위스 머랭을 비닐 위에 위 그림처럼 짠 후 건조시킨다.

❸ 생크림으로 아이싱한 케이크에 원하는 위치에 입체적으로 붙힌다.

생크림 & 버터크림 케이크

머랭장미, 토끼, 코끼리를 이용한 버터크림 케이크

머랭장미, 복숭아, 단감을 이용한 버터크림 케이크

머랭장미를 이용한 버터크림 케이크

초코 플라스틱 장미를 이용한 버터크림 케이크

마지팬 장미를 이용한 버터크림 케이크

머랭장미, 강아지, 토끼, 곰을 이용한 버터크림 케이크

버터크림 꽃 케이크

버터크림 꽃 케이크

버터크림에 여러가지 색소를 사용하여 장미, 라넌큘러스, 국화, 카네이션, 수선화, 애플블라썸, 천일홍, 베처러버튼 등 다양한 종류의 꽃들을 짜서 케이크 위에 장식할 수 있다.

Meringue

머랭짜기 공통배합

배합

흰자	320
설탕	580
분당	60

공정

❶ 흰자와 설탕을 중탕(60~70℃)한다.

❷ 휘퍼를 이용하여 고속으로 믹싱한다. 10~15분(초기에는 뜨거운 물로 휘핑볼 밑을 받쳐준다)

❸ 흰자가 힘이 생기고 광택이 나면 휘핑을 멈춘다.

❹ 나무 주걱을 이용해 분당을 가볍게 섞어준다.

❺ 반죽이 완료되면 원하는 색으로 착색하여 꽃 및 동물짜기를 한다.

❻ 짜진 모양은 70℃ 미만의 오븐열에 건조하여 장식으로 사용한다.

토끼

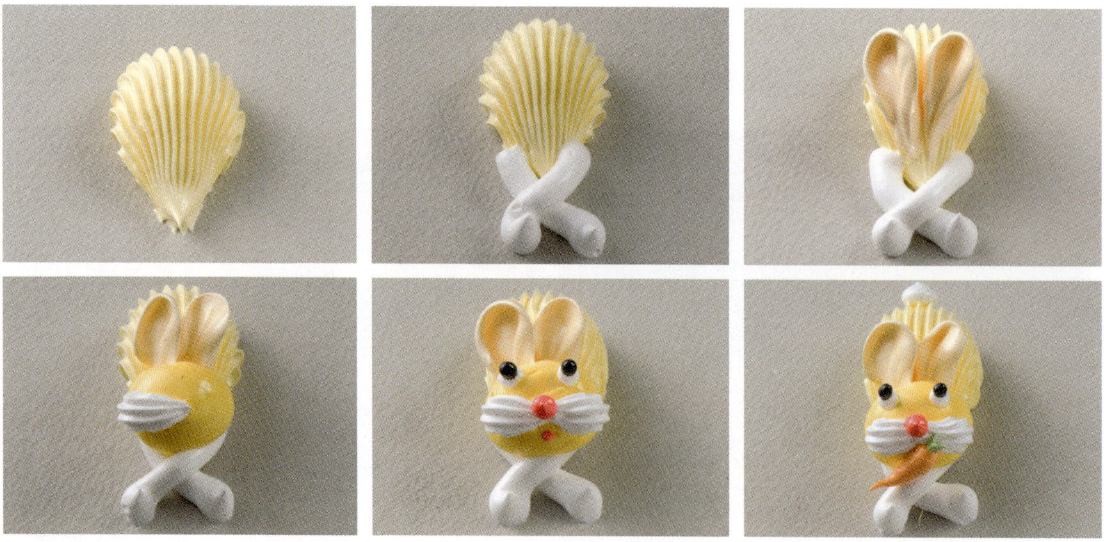

준비

❶ 짤 주머니 준비, 4mm 둥근모양깍지에 흰색 머랭을 담는다.

❷ 작은 장미깍지에 핑크, 흰색 2중색 담는다.

❸ 4mm 둥근모양깍지에 노랑색 머랭을 담는다.

❹ 적색, 녹색, 검정 머랭을 준비한다.

공정

❺ 각 깍지를 사용하여 몸통, 다리, 귀, 얼굴, 수염, 당근을 짜고 마무리한다.

강아지

준비

❶ 짤 주머니 준비, 4mm 둥근모양깍지에 흰색, 8mm 깍지에 핑크색 머랭을 담아둔다.

❷ 별모양깍지 핑크색머랭 준비

❸ 노랑, 검정, 빨강 머랭을 짤 주머니에 담아둔다.

공정

❹ 먼저 다리를 짠다.

❺ 몸통과 머리를 짜고, 귀, 코, 눈, 꼬리 등을 짜서 마무리한다.

다람쥐

준비

❶ 짤 주머니 준비, 별모양깍지에 갈색 머랭을 담아 둔다.

❷ 8mm 원형모양깍지에 연갈색 머랭을 담는다.

❸ 흰색, 검정색 머랭을 준비하여 둔다.

공정

❹ 꼬리를 둥글게 감아짠다.

❺ 몸통과 머리, 다리, 팔, 코, 눈을 짜고 마무리한다.

코끼리

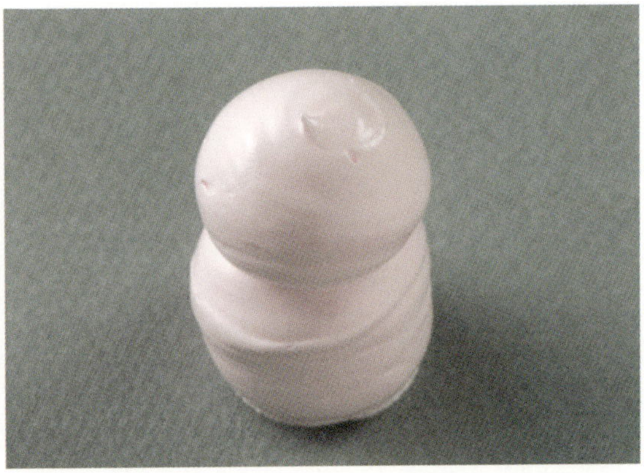

준비

❶ 짤 주머니 준비, 8mm 둥근모양깍지에 핑크색 머랭을 담아둔다.

❷ 4mm 둥근모양깍지에 흰색, 보라색 머랭을 각각 담는다.

❸ 장미용 깍지에 연갈색 머랭을 담아둔다(귀용).

❹ 검정 머랭을 준비한다.

공정

❺ 8mm 둥근모양깍지로 몸통과 얼굴을 짠다.

❻ 장미깍지로 귀를 짠다.

❼ 4mm 둥근모양깍지로 다리, 팔, 코, 모자를 짠다.

❽ 눈을 짜고 마무리한다.

비둘기

준비

❶ 짤 주머니 준비, 4mm 둥근모양깍지에 흰색 머랭을 담는다.

❷ 유산지 짤 주머니에 핑크색 머랭을 준비한다.

공정

❸ 꼬리를 짠다.

❹ 몸통을 짜 올리고, 날개를 짠다.

❺ 눈, 부리를 짜고 마무리한다.

학

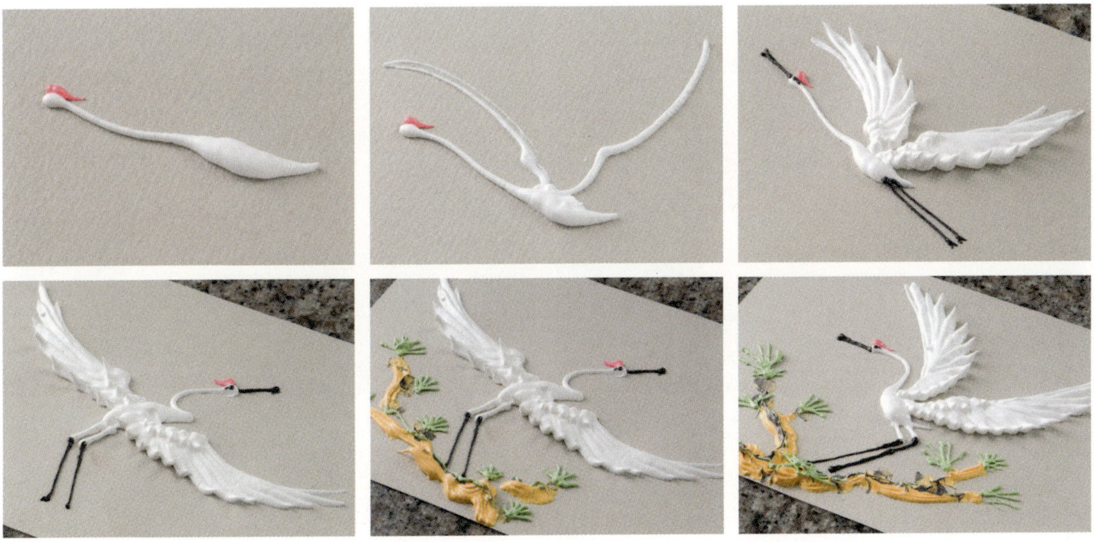

준비

❶ 짤 주머니 준비, 3mm 둥근모양깍지에 흰색 머랭을 담는다.
❷ 유산지 짤 주머니에 검은색과 붉은색, 녹색, 갈색을 각각 준비한다.

공정

❸ 3mm 둥근모양깍지를 이용하여 몸통을 짜준다.
❹ 날개과 다리를 짜고 머리, 부리 등을 짜서 완성한다.
❺ 갈색으로 소나무를 짜고 녹색으로 솔잎을 짜서 마무리한다.

병아리

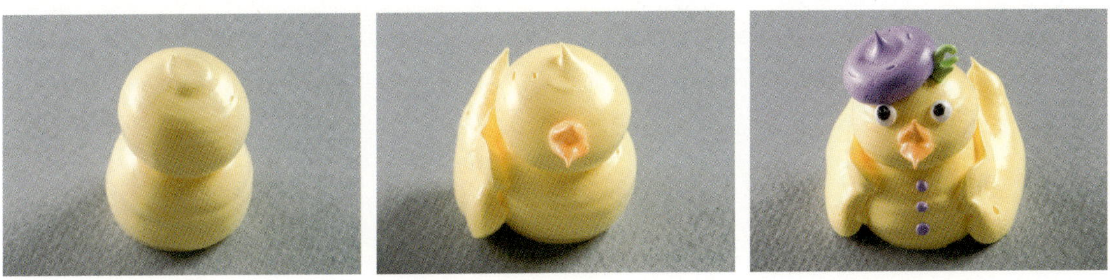

준비

❶ 짤 주머니 준비, 별깍지에 노란색 머랭을 담는다.
❷ 8mm 둥근모양깍지에 노랑색 머랭을 담는다.
❸ 보라, 진노랑, 검정색 머랭을 각각 준비한다.

공정

❹ 8mm 둥근모양깍지를 이용하여 몸통, 머리를 짠다.
❺ 날개, 부리, 모자, 단추, 눈을 짜서 마무리한다.

오리

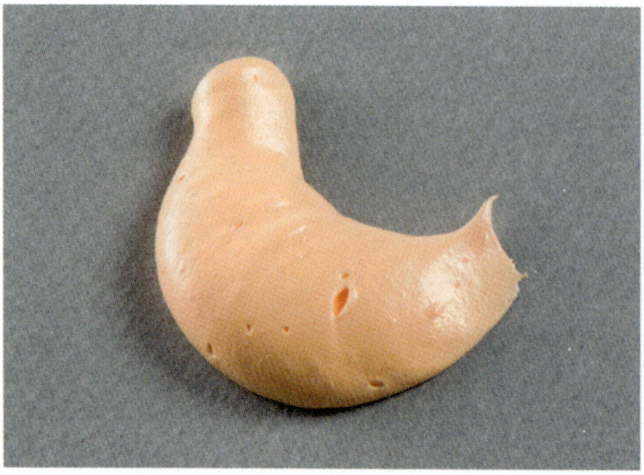

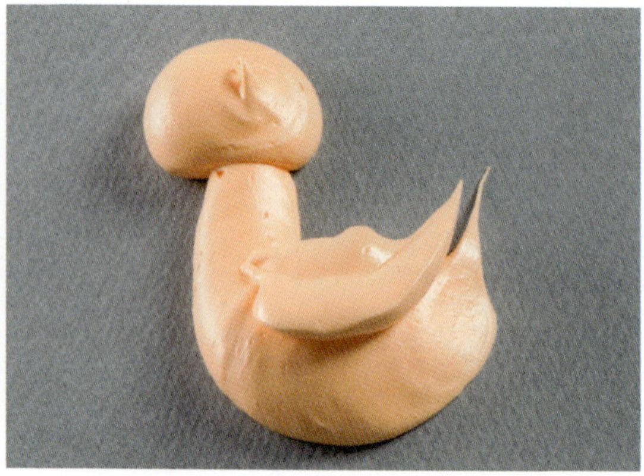

준비

❶ 8mm 둥근모양깍지에 살색, 보라색 머랭을 각각 담는다.

❷ 잎새깍지에 주황색을 담는다.

❸ 검정색, 흰색, 보라색 머랭을 준비한다.

공정

❹ 몸통을 반원형으로 짠다.

❺ 머리와 날개를 짜고 모자, 다리, 입, 눈, 나비, 넥타이 순으로 짜서 마무리한다.

사슴

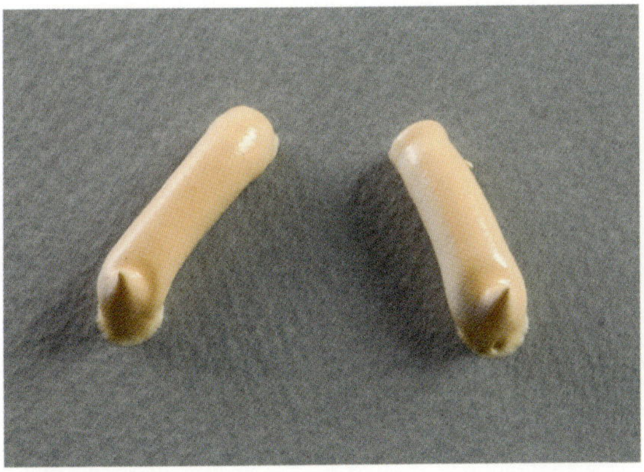

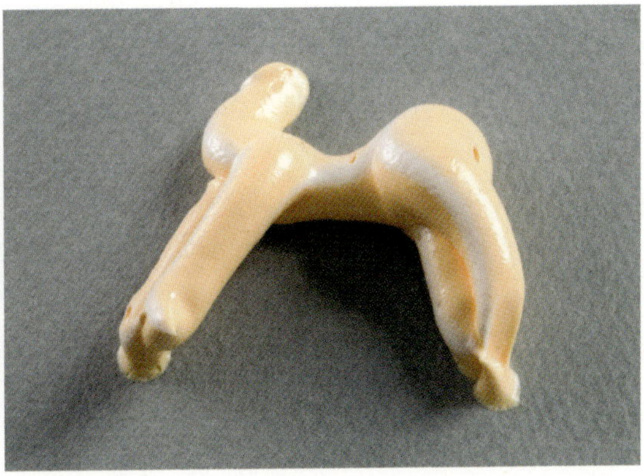

준비

❶ 4mm 원형모양깍지에 흰색, 갈색 2중색을 담는다.

❷ 2mm 원형깍지에 흰색 머랭을 담는다.

❸ 검정, 흰색 머랭을 준비한다.

공정

❹ 안쪽 다리 2개를 짠다.

❺ 몸통과 다리를 짠다.

❻ 머리, 귀, 눈, 코, 몸통 얼룩을 짜고 마무리한다.

천사

준비

❶ 4mm 원형모양깍지에 흰색 머랭을 담는다.

❷ 2mm 원형모양깍지에 갈색 머랭을 담는다.

공정

❸ 안쪽 다리를 먼저 1개 짠다.

❹ 몸통과 연결된 다리를 짜고 머리를 짠다.

❺ 팔, 날개, 머리카락 등을 짜고 마무리한다.

카네이션

준비

❶ 장미깍지에 흰색, 붉은색 2중 머랭을 담는다.

❷ 3mm 둥근모양깍지에 녹색 머랭을 담는다.

❸ 잎새모양깍지에 녹색 머랭을 담는다.

공정

❹ 카네이션 꽃을 먼저 짠다.

❺ 줄기와 잎새를 짜고 마무리한다.

등꽃

준비

❶ 장미깍지에 흰색, 보라색 2중 머랭을 담는다.
❷ 3mm 원형모양깍지에 갈색 머랭을 담는다.
❸ 유산지 짤 주머니에 흰색, 녹색 2중색 머랭을 담는다.

공정

❹ 3mm 원형깍지를 이용하여 줄기를 짠다.
❺ 장미깍지를 이용하여 등꽃을 짠다.
❻ 갈색 및 녹색을 사용하여 줄기 및 잎을 짜고 마무리한다.

장미

준비

❶ 8mm 원형깍지에 흰색 머랭을 담는다.
❷ 장미깍지에 핑크, 흰색 2종색을 담는다.

공정

❸ 장미기둥은 균형을 잡아준다.
❹ 중심 1번 돌려준다.
❺ 3번을 균형 맞추어 돌려준다.
❻ 5번, 7번 순으로 바깥잎을 짜고 마무리한다.

과일 케이크(Fruits Cake)

재료

- ☐ 원형 21cm(3호틀) 1개
- ☐ 버터 192g
- ☐ 설탕 120g
- ☐ 계란 4ea
- ☐ 박력분 160g
- ☐ 소금 약간
- ☐ 건조과일 150g
- ☐ 건포도 48g
- ☐ 호두 40g
- ☐ 바나나 오일

❶ 버터를 부드럽게 풀어준 후 설탕 1/2과 소금을 넣어주며 휘핑한다.

❷ 노른자와 흰자를 분리하여 노른자만 ❶에 2~3회 나누어가며 부드러운 크림을 만든다.

❸ 흰자와 나머지 설탕 1/2로 중간피크의 머랭을 만든다.
머랭 1/3을 ❷에 넣고 가볍게 섞어준다.

❹ 체 친 박력분을 ❸에 넣고 덩어리지지 않게 잘 섞어준다.

❺ 건조 과일, 건포도, 호두, 바나나 오일을 넣고 섞어준다.

❻ 남은 머랭 2/3를 넣고 잘 혼합한다.

❼ 팬에 2/3 정도 분할한다.

❽ 180~185℃에서 약 40분 정도 구워준다.

버터 스펀지(Butter Sponge)
- 공립법

재료

- ☐ 원형 18cm(2호틀) 1개
- ☐ 계란 4ea
- ☐ 설탕 100g
- ☐ 소금 약간
- ☐ 박력분 83g
- ☐ 버터 16g
- ☐ 바닐라 에센스 약간

❶ 믹싱볼에 계란을 넣고 잘 풀어준다.

❷ 설탕, 소금, 바닐라 에센스를 넣고 휘핑한다.

❸ 아이보리색을 띠며 걸죽한 농도가 될 때까지 휘핑한다.

❹ 체 친 박력분을 ❸에 넣고 아래에서 위로 덩어리가 없도록 균일하게 혼합한다.

❺ 버터는 중탕으로 녹여 반죽 일부를 가볍게 섞은 후 본 반죽에 버터 반죽을 넣고 혼합한다.

❻ 버터를 넣은 후 반죽을 과도하게 섞으면 기포가 꺼져 구웠을 때 부피가 작아진다.

❼ 원형틀에 패닝한다.

❽ 윗불 180℃, 아랫불 170℃ 오븐에서 약 25~30분 정도 구워준다.

초콜릿 버터 스펀지(Chocolate Butter Sponge)

- 별립법

재료

- □ 사각 18cm(2호틀) 1개
- □ 계란 3ea
- □ 설탕A 45g
- □ 설탕B 45g
- □ 박력분 80g
- □ 카카오 파우더 10g
- □ 소금 2g
- □ 베이킹 파우더 1.5g
- □ 버터 22g
- □ 바닐라 에센스 약간

❶ 계란을 노른자와 흰자로 분리해 놓는다. 노른자를 골고루 풀어준 후 설탕A와 소금, 바닐라 에센스를 넣고 휘핑한다(아이보리색을 띠며 걸죽한 농도가 될 때까지 휘핑한다).

❷ 흰자를 믹싱볼에 넣고 60%까지 휘핑한 후 설탕을 2~3회에 나누어 넣어주며 80~90%까지 휘핑하여 중간 피크의 머랭을 만든다.

❸ 노른자 반죽에 머랭을 1/3 넣고 섞는다.

❹ 박력분, 카카오 파우더, 베이킹 파우더를 과정 ❸에 넣고 가볍게 섞어준다.

❺ 중탕으로 녹인 버터를 과정 ❹에 넣고 가볍게 섞어준다.

❻ 나머지 머랭을 과정 ❺에 넣어주며 균일하게 섞어준다.

❼ 사각틀에 위생지를 깔고 약 60% 정도 반죽을 채운다.

❽ 윗불 180℃, 아랫불 170℃ 오븐에서 약 25~30분 정도 구워준다.

레몬 크림(Lemon Cream)

재료

- ☐ 계란 4ea
- ☐ 설탕 240g
- ☐ 레몬 제스트
- ☐ 레몬 주스 160g
- ☐ 버터 350g

❶ 냄비에 계란, 설탕, 레몬 제스트, 레몬 주스를 넣어준다(레몬 주스는 레몬의 껍질을 강판에 체 쳐준 후, 레몬즙을 짜주고 부족한 양만큼 레몬 주스로 채워준다).

❷ 인덕션에 냄비를 올리고 은은한 열에 가열하며 저어준다(열이 너무 강하면 계란이 익어버릴 수 있다).

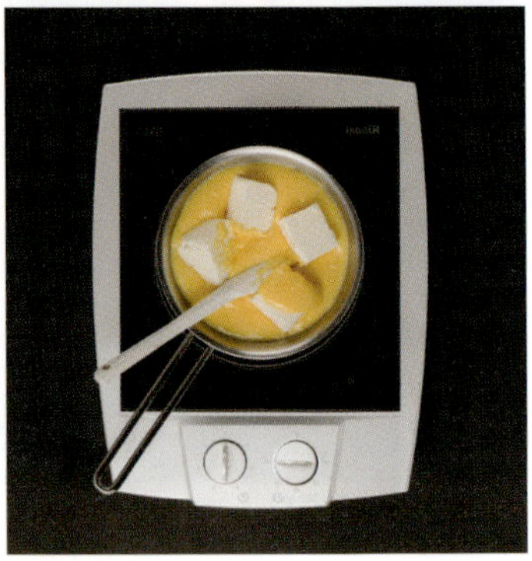

❸ 계속 저어주다가 농도가 진해지면, 불을 끄고 버터를 넣어 섞는다(불 조절을 잘못하여 계란이 익어서 크림 안에 덩어리가 보이면 체에 거른 후 버터를 넣어도 좋다).

❹ 버터가 크림에 잘 섞이면 식혀 주었다가 완성한 마카롱에 짜준다.

초콜릿 마카롱(Chocolate Macaron)

- 이탈리안 머랭법

재료

- □ 아몬드 가루 92.5g
- □ 슈가 파우더 92.5g
- □ 카카오 파우더 15g
- □ 흰자A 37g
- □ 물 25g
- □ 설탕 100g
- □ 흰자B 37g

❶ 슈가 파우더, 아몬드 가루, 카카오 파우더는 2번 이상 체로 쳐 놓는다.

❷ ❶에 흰자A를 넣고 골고루 섞는다.

❸ 균일한 페이스트 상태로 만든다.

❹ 설탕과 물을 냄비에 넣고 끓인다.

❺ 온도계로 체크하며 온도가 118℃까지 되도록 끓여준다.

❻ 과정 ❺가 약 90℃가 되면 흰자B를 휘핑하기 시작한다.

⑦ 118℃로 끓은 시럽을 과정 ⑥에 서서히 넣어주며 빠르게 휘핑해서 단단한 이탈리안 머랭을 만든다.

⑧ 머랭에 윤기가 나고 힘이 있으며 끝이 살짝 휘는 상태가 되면 마무리한다.

⑨ 과정 ②에 머랭을 조금씩 넣어주며 페이스트와 머랭을 부드럽게 섞어준다(반죽에서 윤기가 나고, 반죽을 떨어뜨렸을 때 끊어지지 않고 떨어지며, 반죽의 자국이 서서히 사라지는 상태가 될 때까지 섞어준다).

⑩ 짤 주머니에 원형깍지를 끼워 반죽을 담아 적당한 크기로 일정하게 짜준다.

⑪ 카카오 파우더를 반죽 윗면에 살짝 뿌려준 후 약 30분 정도 건조시킨다(잘 건조되면 반죽의 윤기가 사라지고, 손으로 눌렀을 때 묻지 않는다).

⑫ 150℃로 예열한 오븐에 약 12~13분 정도 구운 후, 식혀서 준비한 크림으로 충전한다.

초콜릿 가나슈(Chocolate Ganache)

재료

- ☐ 다크초콜릿 100g
- ☐ 생크림 100g
- ☐ 버터 35g

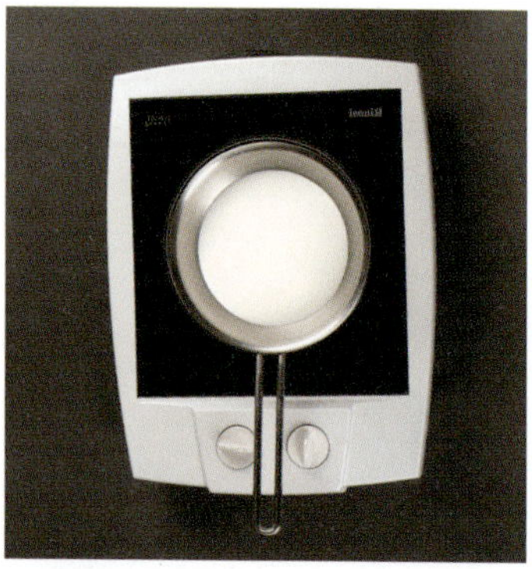

❶ 냄비에 생크림을 끓기 전까지 가열한다.

❷ 분쇄한 다크초콜릿에 생크림을 부어준다.

❸ 주걱이나 핸드 블렌더로 잘 섞어준다.

❹ 생크림과 초콜릿이 잘 섞였으면 버터를 넣어준다.

❺ 버터를 과정 ❹와 잘 섞어 가나슈를 완성한다.

chapter 03

슈가크래프트

Sugarcraft

CAKE
DECORATION
BIBLE

슈가크래프트의 기본 이론

슈가크래프트의 역사

단순하게 먹는 케이크가 아닌 눈으로 즐기면서 먹을 수 있는 데커레이션 케이크가 처음으로 등장한 것은 영국의 엘리자베스 1세 때로 파티나 결혼식에 화려하게 장식된 케이크를 등장시킴으로써 참석한 많은 사람들의 탄성을 자아내게 했다.

대영제국은 1840년 전 세계 오대양 육대주를 누비며 '해가 지지 않는 나라'라는 자부심에 걸맞게 빅토리아 여왕과 앨버트공의 성대한 결혼식을 거행했다. 당시 발행된 《타임(The Times)》 지에는 이 결혼식에 장식되었던 웨딩케이크의 높이가 30야드(약 2.7미터)에 달하고, 둘레는 14인치(약 36센티미터), 무게는 300파운드(약 136킬로그램)에 달한다고 설명해 놓았다. 그 당시에는 상상할 수도 없을 만큼 초대형 케이크였으며, 여러 가지 섬세한 조형물들로 장식되어 있었다.

설탕이 아주 귀한 귀중품으로 여겨지던 시대에 이러한 웨딩케이크는 일부 왕족이나 귀족들 사이에서나 성행했던 사치품이었다. 이렇게 일반 서민들은 꿈에서나 볼 수 있었던 슈가크래프트 웨딩케이크가 대중화되기 시작한 것은 제2차 세계대전이 끝나고 설탕이 대량 생산되어 손쉽게 설탕을 구할 수 있게 되면서부터였다.

세기의 결혼식으로 전 세계인의 이목을 집중시켰던 찰스 왕세자와 다이애나 왕세자 비의 결혼식에는 25개의 케이크가 공식적으로 헌납되었는데, 여기서 엄선된 웨딩케이크는 당시 엄청난 화제를 불러일으키기도 했다.

이러한 웨딩케이크에 대한 전통적인 관습이 바로 영국의 슈가크래프트(Sugarcraft) 발전에 밑거름이 되었음을 알 수 있다. 특히 영국은 몇 십 년 전부터 슈가크래프트의 지속적인 발전을 위하여 이 분야 기술에 대한 국가 인정 자격시험을 실시하고 있어 각 교육기관에서도 슈가크래프트 코스를 앞 다투어 개설해 놓고 있다.

영국의 웨딩케이크는 전통을 중시하는 스타일로, 우선 푸르츠 파운드케이크 위를 마지팬(Marzipan, 설탕과 아몬드를 갈아 만든 페이스트)으로 덮고 그 위에 흰자와 슈가파우더를 섞은 글라스 로열로 덧씌우기를 반복한다. 그런 다음 다시 마지팬으로 그 위를 덮은 뒤 최종적으로 장식물을 부착한다. 이러한 방법 외에도 마지팬으로 덧씌운 후에 슈가 페이스트를 일정한 두께로 밀어서 그 위에 덧씌우는 방법도 있는데, 현재는 대부분 이 방법을 이용해서 케이크를 만들고 있다.

설탕을 이용해서 만드는 화려한 공예 과자인 슈가크래프트는 그 발상지인 영국 외에도 한때 영국의 지배를 받았던 오스트레일리아, 캐나다, 남아프리카 공화국 등의 영 연방국과 미국, 일본, 한국, 인도, 스리랑카 등지에서 활발하게 제작되고 있다.

대서양을 건너가 미국에 정착한 웨딩케이크의 모습도 전통적인 영국의 케이크와는 다소 다르게 발전하였다. 이민국답게 각국의 독특한 특성을 받아들이면서도 원색에 가까운 대담한 색채를 사용하고 디자인 자체를 유머스럽게 만든 것은 미국의 대륙적인 기질을 잘 드러낸 것이라고 할 수 있다. 또 일본이나 한국의 웨딩케이크는 동양인의 섬세한 손재주의 영향으로 화려하면서 디테일한 웨딩케이크로 발전해 가고 있다.

현대의 웨딩케이크는 국가 간의 교류가 잦아지고 있고 매스미디어와 인터넷을 통한 정보의 빠른 교환으로 인해 서로의 장점을 흡수함으로써 비약적인 발전을 거듭하고 있다. 국가 간의 특성들이 많이 사라지고 이제는 단순하게 눈으로 즐기고 입으로 먹는 케이크의 범주를 넘어서 하나의 예술품으로 승화해 나가고 있는 추세이다.

슈가크래프트의 도구 및 재료

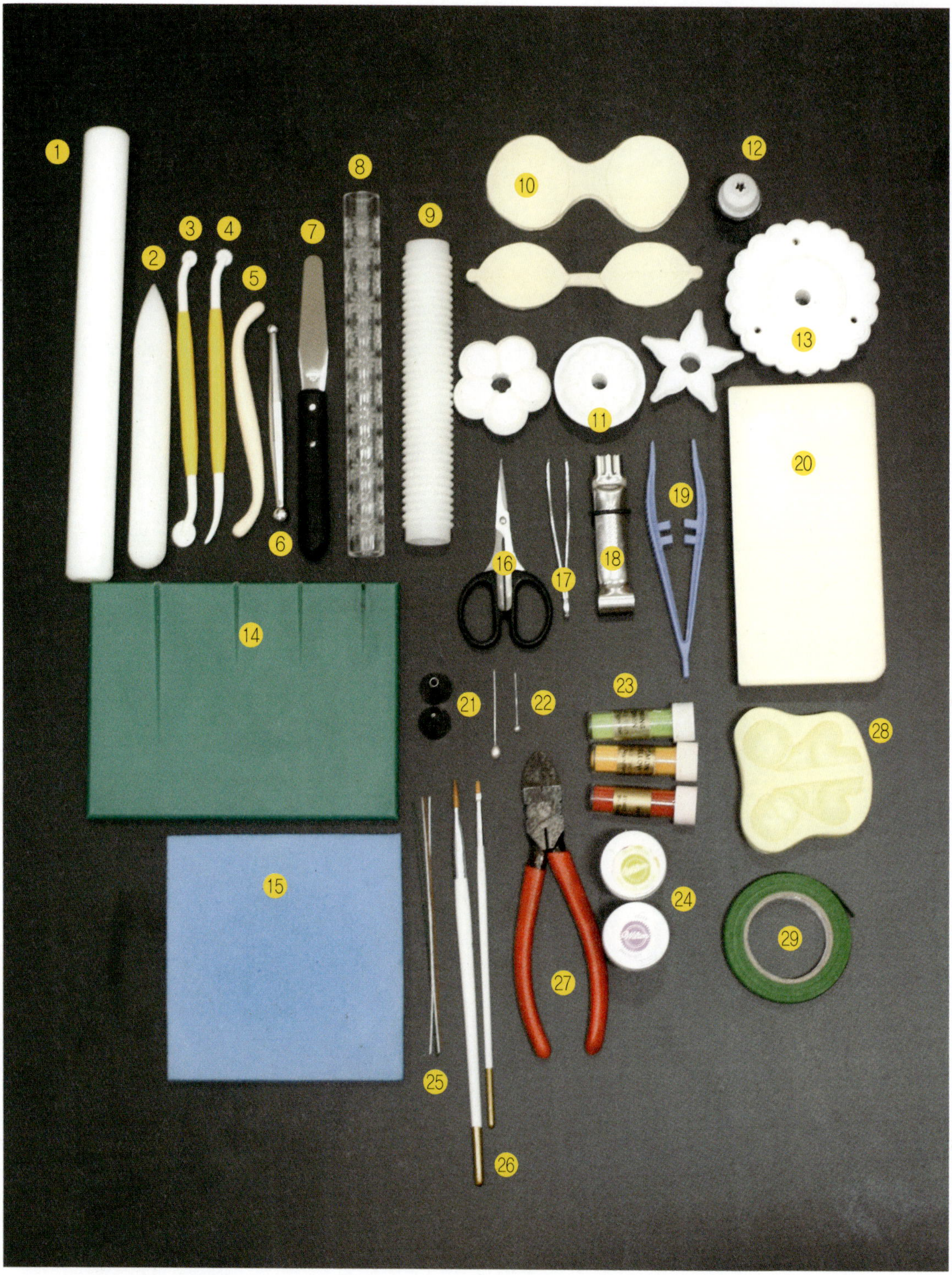

슈가크래프트의 기본 도구와 사용기법

1. **롤링 핀(Rolling Pin)** : 반죽을 밀어서 펼 때 사용한다.
2. **셀 스틱(Cel Stick)** : 굵기가 연필만한 것부터 이쑤시개만한 것까지 아주 다양하며, 반죽을 밀거나 모델링할 때 사용한다. 버버리가 마치 트렌치코트를 대표하듯 셀(cel)사의 제품이 가장 유명한 관계로 가는 스틱이나 핀을 모두 셀 스틱, 셀 핀이라 부른다.
3. **커팅 휠(Cutting Wheel) 또는 휠 커터(Wheel Cutter)** : 바퀴처럼 생긴 둥근 날이 붙어 있는 기구로 반죽의 단면을 자를 때 사용한다.
4. **퀼팅 휠(Quilting Wheel)** : 반죽에 톱니 자국을 낼 때 쓴다.
5. **본툴(Bone Tool)** : 마치 뼈다귀처럼 생겼다 해서 붙여진 이름으로 반죽에 프릴 모양을 만들거나 가장자리를 부드럽게 펴주는 기구이다.
6. **스텐봉(Metal Ball Tool)** : 꽃을 만들 때 가장자리를 얇게 펴주는 기본 도구이다.
7. **팔레트 나이프(Palette Knife)** : 로열 아이싱의 공기를 빼주는 과정(기포를 없애 주는 작업)이나 얇은 페이스트를 떼어낼 때 이용한다.
8. **문양밀대(Rolling Pin)** : 반죽에 문양을 낼 때 사용한다.
9. **립드 롤링 핀(Ribbed Rolling Pin)** : 세로로 골진 무늬가 들어간 소형 밀대로 스모킹(영국 정통 주름 모양) 효과를 낼 때 사용한다.
10. **베이너(Veiner)** : 각종 꽃잎이나 잎의 잎맥을 찍는 기구이다.
11. **커터(Cutter)** : 각종 꽃이나 잎사귀 모양을 찍어내는 틀이다. 쉬운 예로 과자를 모양내어 찍는 쿠키 커터를 생각하면 된다.
12. **플런저(Plunger)** : 작은 꽃이나 모양 등을 찍어냄과 동시에 붙여주는 기구이다.
13. **레이스 몰드(Lace Mould)** : 레이스처럼 생긴 고무 틀의 슈가 페이스트로 모양을 찍어 레이스 장식을 낼 때 사용하는 기구이다.
14. **논스틱 보드(Nonstick Board)** : 반죽을 밀 때 사용하는 보드로 반죽이 달라 붙지 않고 무독성의 플라스틱 재질이다. 홈이 패여 있는 것은 그루브드 보드(grooved board)라고 한다.
15. **셀 패드(Cel Pad)** : 스펀지 패드라고도 한다. 가장자리를 펼 때 밑에 받쳐주는 역할을 하는 것으로 아주 단단한 재질부터 물렁한 것까지 취향과 용도에 따라 선택하면 된다.
16. **공예용 가위**
17. **핀셋(Pincette)** : 레이스 웍 같은 섬세한 작업에 사용하는 기구이다.
18. **크림퍼(Crimper)** : 모양을 내는 집게로 가장자리를 집어 다양한 무늬를 내는 기구이다.
19. **스모킹 핀셋(Smoking Pincette)** : 스모킹 시 롤링 후 문양을 집어주는 기구이다.
20. **스무더(Smoother)** : 케이크의 표면을 매끈하게 만들 때 필요한 작은 판이다.
21. **노즐(Nozzle)** : 파이핑 튜브(짜기 깍지)의 다른 표현이다.
22. **글래스 헤드 핀(Glass Head Pin)** : 머리 부분이 반질반질한 재봉 핀처럼 생긴 핀으로, 로열 아이싱 작업을 할 때 매우 요긴하게 쓰인다.
23. **더스팅 파우더(Dusting Powder)** : 가루 색소를 말한다.
24. **페이스트 컬러(Paste Color)** : 반죽용 색소를 말한다.
25. **와이어(Wire)** : 철사
26. **붓** : 컬러를 더스팅할 때 사용한다.
27. **와이어 커터(Wire Cutter)** : 철사를 자를 때 사용한다.
28. **몰드(Mould)** : 반죽을 몰드에 넣어 다양한 문양을 찍어내는 기구이다.
29. **플로리스트 테이프(Florist Tape)** : 철사의 표면을 감싸는 데 사용한다.

슈가크래프트 기본 기법

와이어드 플라워(Wired Flower) 기법

철사를 이용하여 꽃이나 꽃잎을 만드는 기법으로 소량의 반죽을 밀어 납작하게 만든 후 꽃잎 모양으로 오려내는 것이다. 이때 철사가 반죽 밖으로 보이지 않게 해야 하고 생화처럼 얇게 밀어야 한다. 반죽이 마르기 전에 여러 번 모양을 잡아 완성한다.

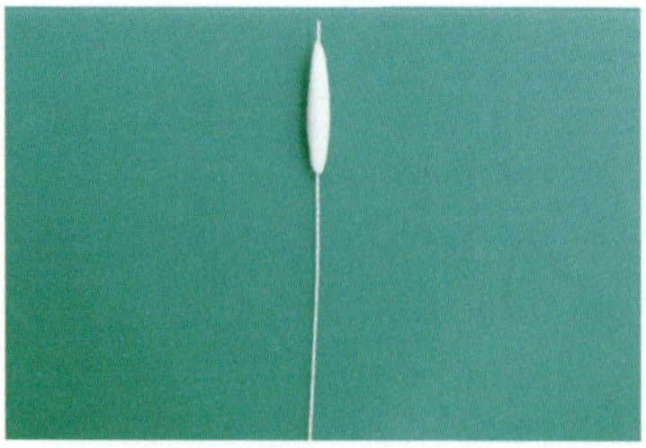

1. 소량의 반죽을 철사에 감아 심지를 만든다.

2. 보드의 홈 사이에 심지를 고정시킨다.

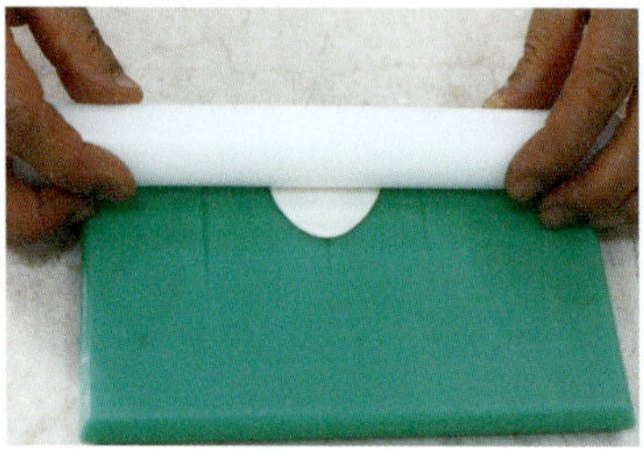

3. 잎의 모양을 잡아 반죽을 올리고 밀대로 민다.

4. 커터를 모양을 내고 베이너로 잎맥을 찍는다.

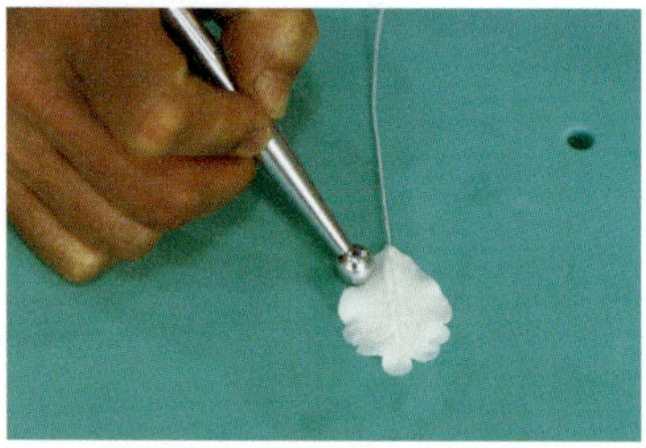

5. 스펀지 패드 위에 올려놓고 모양의 가장자리를 본툴이나 스텐봉으로 웨이브를 준다.

멕시칸 햇(Mexican Hat) 기법

반죽을 멕시칸 모자 모양으로 만드는 기법으로 투박하지 않도록 얇게 밀어야 한다.

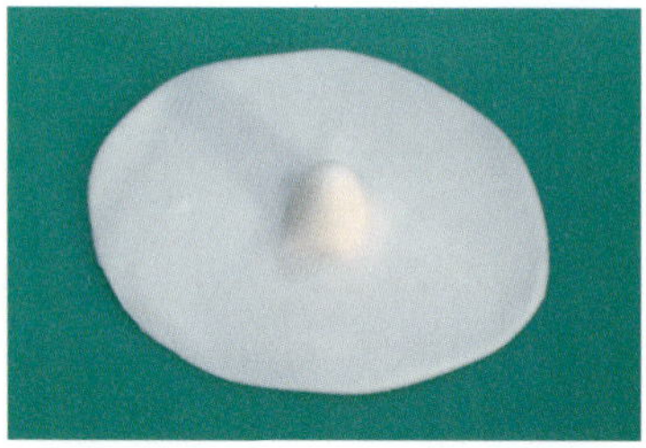

1. 반죽을 멕시코 모자(윗부분이 뾰족하고 챙 부분이 넓은) 모양으로 만든다.

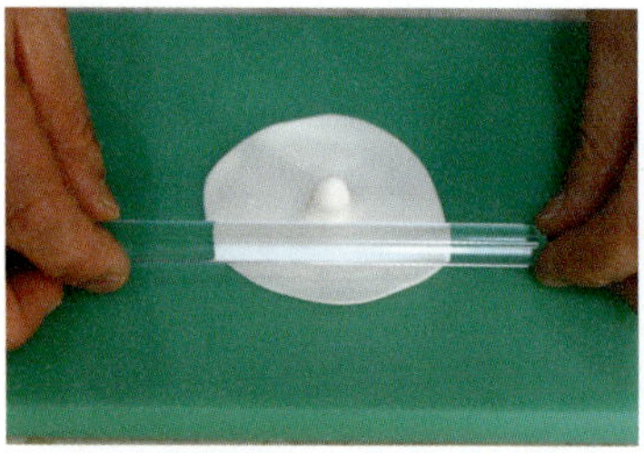

2. 셀 스틱을 이용하여 가장자리(모자의 챙 부분)를 넓고 얇게 펴준다.

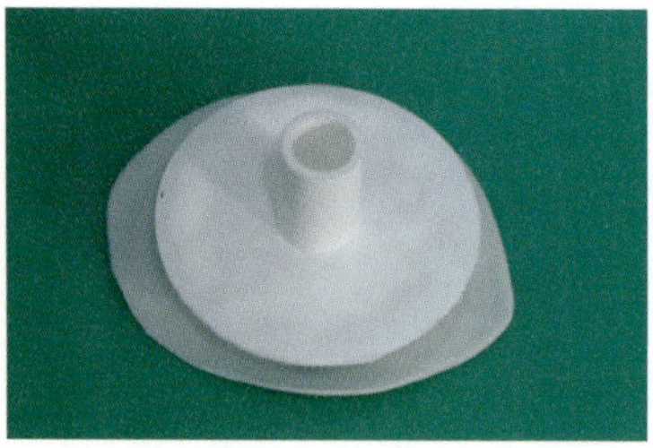

3. 커터를 이용하여 모양을 찍어낸다.

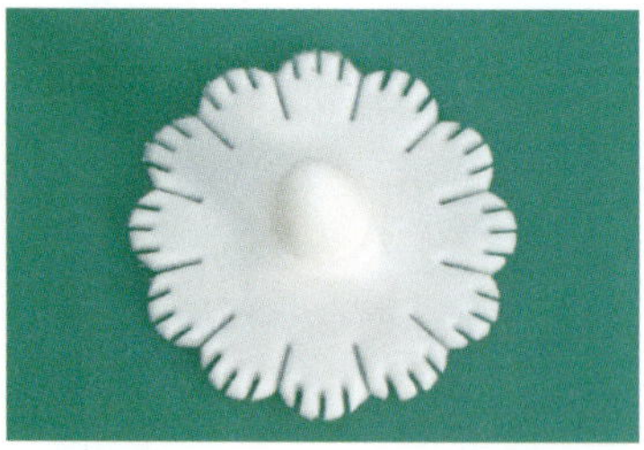

4. 철사에 고리를 만들어 걸어준다.

풀드 플라워즈(Pulled Flowers) 기법

손으로 반죽을 눌러 만드는 기법이다. 꽃의 모양에 따라 등분을 달리하며 등분을 정확히 나누어 균형을 맞추어야 한다.

1. 물방울 모양의 반죽을 만든다(꽃의 모양에 따라 크기는 달라진다).

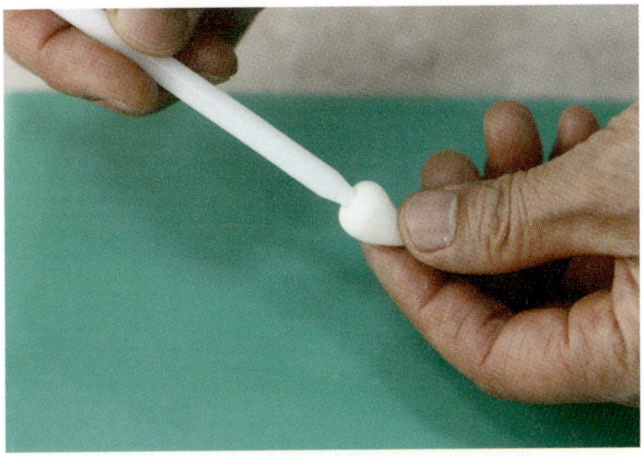

2. 셀 스틱을 이용하여 가운데 구멍을 낸다.

3. 공예용 가위로 등분을 나눈다.

4. 등분을 나눈 반죽을 매만져 꽃잎 모양의 형태를 잡는다.

5. 잎맥틀을 이용하여 꽃잎의 잎맥을 찍는다.

6. 본 툴을 이용하여 가장자리를 얇게 밀고 꽃을 완성한다.

슈가크래프트 페이스트(Sugarcraft Paste)
- Covering Dough

재료

- ☐ 슈가파우더 100g
- ☐ CMC 2.4g
- ☐ 판젤라틴 2.4g
- ☐ 물 7g
- ☐ 물엿 16g
- ☐ 계란 흰자 8g
- ☐ 레몬즙 소량

① 슈가파우더와 CMC는 체 쳐서 볼에 담아 놓는다(기온이 낮을 때는 체 친 가루를 담아놓은 볼 상태로 중탕해 주며 따뜻하게 유지한다).

② 계량된 젤라틴을 찬 물에 넣고 약 5~10분간 불린다. 불린 젤라틴을 중탕하여 완전히 녹인다.

③ 물엿을 중탕하여 줄줄 흐를 정도까지 따뜻한 상태로 만들어준다.

④ 흰자도 중탕하여 따뜻하게 만들어 놓는다.

⑤ 과정 ①의 가루에 녹인 젤라틴, 물엿, 흰자를 넣어준다.

⑥ 반죽을 섞어준 후 산이나 레몬즙을 넣고 반죽이 쫄깃쫄깃하고 하얗게 될 때까지 치댄 후 랩을 씌워 밀폐용기에 담아 실온에서 하루 정도 숙성시킨다. 숙성이 제대로 이뤄지지 않으면 반죽의 결이 매끄럽게 되지 않기 때문에 충분히 숙성시켜 사용한다.

슈가크래프트 페이스트(Sugarcraft Paste)

- Flower Dough

재료

- ☐ 슈가파우더 100g
- ☐ CMC 2.4g
- ☐ 판젤라틴 2.4g
- ☐ 난백파우더 2.4g
- ☐ 물 7g
- ☐ 물엿10g
- ☐ 계란 흰자 10g
- ☐ 레몬즙 소량

❶ 슈가파우더와 CMC, 난백파우더는 체 쳐서 볼에 담아 놓는다(기온이 낮을 때는 체 친 가루를 담아놓은 볼 상태로 중탕해주며 따뜻하게 유지한다).

❷ 계량된 젤라틴을 찬 물에 넣고 약 5~10분간 불린다. 불린 젤라틴을 중탕하여 완전히 녹인다.

❸ 물엿을 중탕하여 줄줄 흐를 정도까지 따뜻한 상태로 만들어준다.

❹ 흰자도 중탕하여 따뜻하게 만들어 놓는다.

❺ 과정 ❶의 가루에 녹인 젤라틴, 물엿, 흰자를 넣어준다.

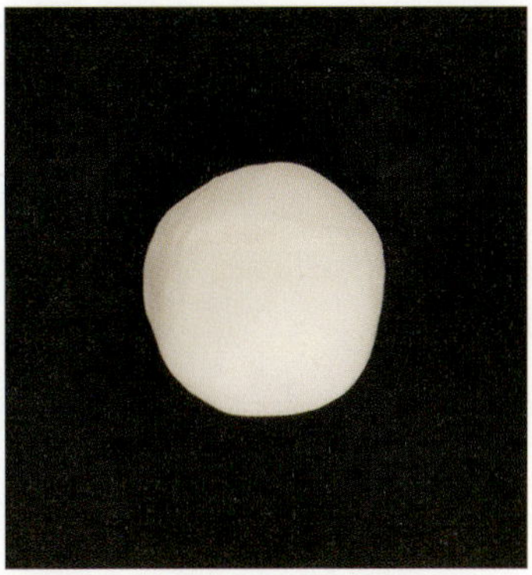

❻ 반죽을 섞어준 후 산이나 레몬즙을 넣고 반죽이 쫄깃쫄깃하고 하얗게 될 때까지 치댄 후 랩을 씌워 밀폐용기에 담아 실온에서 하루 정도 숙성시킨다. 숙성이 제대로 이뤄지지 않으면 반죽의 결이 매끄럽게 되지 않기 때문에 충분히 숙성시켜 사용한다.

로열 아이싱(Royal Icing)

재료

□ 슈가파우더 100g
□ 계란 흰자 20g
□ 레몬즙 약간

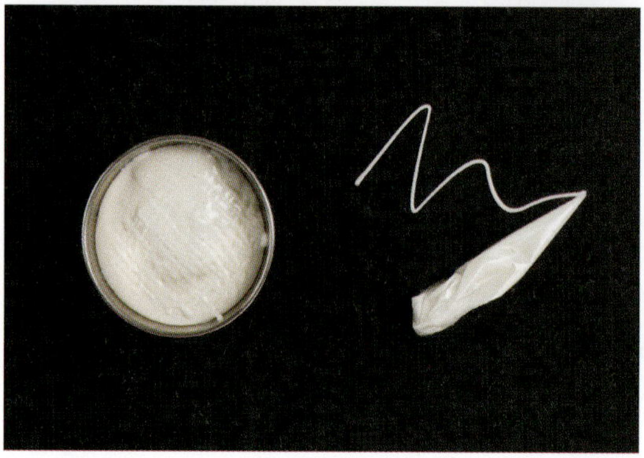

❶ 유분이 없는 도구와 믹싱볼을 준비한다(유분이 소량이라도 첨가되거나 남아있다면 나중에 로열 아이싱이 끊어지는 가장 큰 원인이 된다).
❷ 슈가파우더를 고운 체에 걸러 놓는다.
❸ 분당과 흰자를 덩어리지지 않게 섞어준다.
❹ 레몬즙을 첨가해 준 후 약 1~5분 정도 반죽이 잘 섞이도록 믹싱한 후 짤 주머니에 담아 사용한다.

커버 씌우기(Covering)

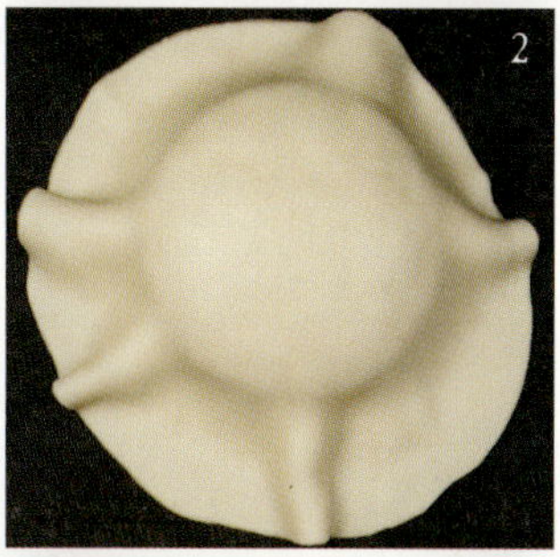

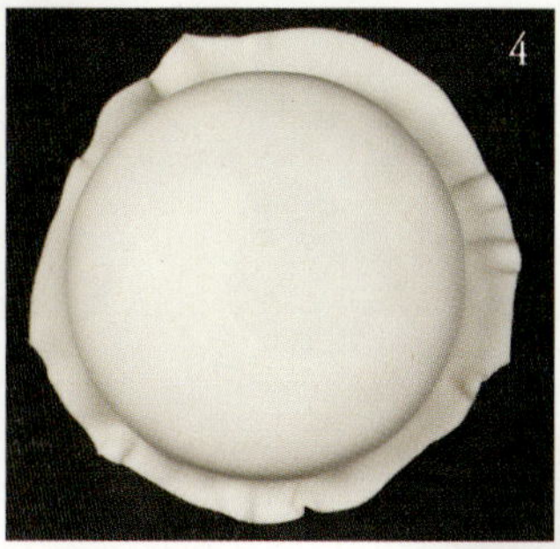

❶ 표면을 깨끗이 정리한 푸르츠 케이크 윗면에 럼과 나파쥬을 바른다.
❷ 마지판 반죽을 매끈하게 밀어 펴 ❶에 씌운다.
❸ 시럽이나 나파주를 바른다.
❹ 커버링 반죽을 매끈하게 밀어 펴 ❸에 씌운다.
❺ 스무더를 이용해 표면을 평평하게 고른다.
❻ 케이크 크기에 맞게 가장 자리를 잘라낸다.

와이어드 플라워(Wired Flower)

장미(Rose)

'분홍 장미'는 사랑의 맹세, 행복한 사랑, 즉 영원히 당신만을 사랑하겠다는 의미를 담고 있다.

사용 도구

밀대, 보드, 장미 커터, 가위, 얇은 붓, 스펀지, 본툴, 셀패드

사용 재료

철사, 실, 페이스트 색소, 더스팅 색소, 플로리스트 테이프, 굵은 와이어

작업 순서

❶ 페이스트 반죽으로 장미 꽃잎 틀로 넉 장을 찍고 가장자리를 밀어 펴서 하늘하늘 만든다.

❷ 꽃심을 만든다. 꽃 반죽으로 꽃봉오리 모양으로 만들어 둥근 부분을 밑으로 해 철심을 꽂는다. 꽃잎 안쪽 밑 부분을 식용풀을 발라 한장 한장 꽃심을 감싸듯이 엇갈려 붙여 나간다. 같은 방법으로 꽃잎을 원하는 크기에 따라 반복한다.

❸ Wired flower 기법으로 꽃잎을 만든 후 모양을 잡는다.

❹ 초록색 반죽을 멕시코 모자 모양으로 빚은 후 뾰족한 부분을 제외한 나머지 부분을 사방으로 얇게 밀어 쳐고 모양틀로 찍어내고 가장 자리를 삐죽삐죽 모양으로 오려내서 꽃 받침을 꽃에 붙인다.

❺ 연한 녹색 반죽으로 잎사귀 모양을 찍은 후 베이너로 무늬를 내고 더스팅한다.

❻ 연한 녹색 반죽으로 잎사귀 모양을 찍은 후 베이너로 무늬를 낸다. 프릴을 넣고 식용칼라로 더스팅한다. 꽃과 꽃잎을 넣고 어레인지한다.

작약(Peony)

꽃말 – 수줍음, 부끄러움.

가장 화려하고, 자신만의 색채가 분명한 꽃, 작약. 귀엽고 연한 핑크색부터 농염하고 진한 붉은 색까지 여러 종류가 있어서 나이나 피부색, 취향에 맞춰 다양한 분위기를 연출할 수 있기 때문에 결혼식의 주인공인 신부에게 더 없이 잘 어울리는 꽃이다.

1

2

3

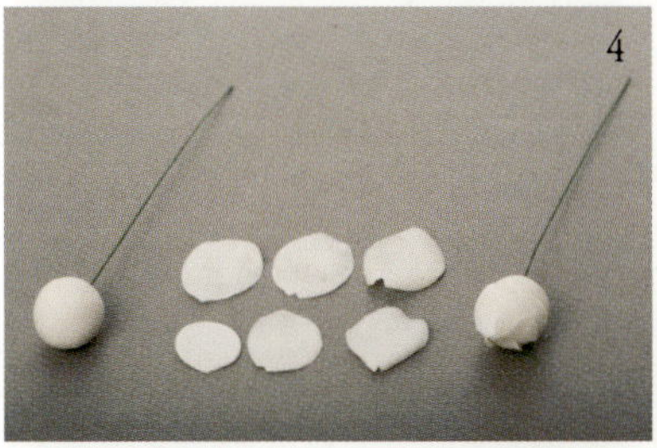
4

5

6

7

사용 도구

밀대, 보드, 휠 커터, 장미 커터, 가위, 얇은 붓, 스펀지, 본툴, 셀패드

사용 재료

철사, 색소, 수술, 페이스트 색소, 더스팅 색소, 플로리스트 테이프, 굵은 와이어, 꽃술용 가루

작업 순서

❶ 소량의 녹색 페이스트를 약 2센치 길이의 얇은 고리모양으로 만들어 살짝 구부려서 3개를 만들어 테이프로 감는다. 약 20개의 수술에 만든 꽃가루를 바르고 위의 암술주위에 수술 3뭉치를 플로랄 테이프로 감는다.
❷ 장미 커터를 이용하여 꽃잎을 찍고 프릴을 넣는다.
❸ 약 4~5단계의 크기 변화가 필요하다. 각 사이즈별로 약 5~6장의 꽃잎을 만든다.
❹ 둥글게 만든 반죽에 작은 장미잎을 꺼꾸로 붙여서 봉오리를 만든다.
❺ 작은 꽃잎부터 가장 큰 꽃잎까지 다양한 사이즈의 꽃잎을 만들어 프릴을 넣은 후 더스팅한다. 꽃잎을 감아 놓은 센터를 중심으로 작은 꽃잎부터 차례로 엮는다.
❻ 큰 잎 하나와 작은 잎 두 장을 엮어 잎사귀 한 장을 만든다.
❼ 꽃, 봉오리, 꽃잎을 어레인지하여 완성한다.

Tip
센터부분부터 둥글게 말아가기 위해서는 꽃잎을 만들 때마다 꽃잎이 굳기 전에 미리 철사를 둥글게 휘어 각도를 맞춰 말리는 것이 중요하다. 이미 말라버린 꽃잎은 둥근 센터를 중심으로 겹겹이 감을 수 없다.

수국(Hydrangea)

꽃말 – 진심, 변덕, 처녀의 꿈

수국은 조금만 건조해져도 바로 말라버리는 꽃이다. 하지만 물속에 담가 두면 한 시간이 채 지나지 않아 다시 살아난다. 영원히 시들어 버리는 것이 아니라 잠시 변덕을 부리는 것이다.
그래서 수국은 '진심'을 담은 꽃이면서도 '변덕'의 꽃이다.

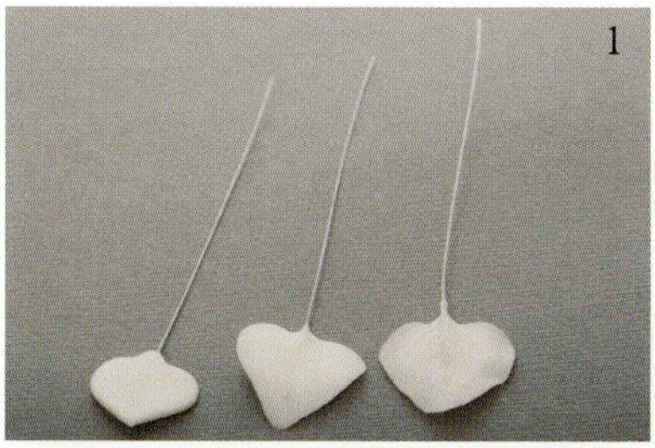

사용 재료

철사, 색소,수술, 페이스트 색소, 더스팅 색소, 플로리스트 테이프, 굵은 와이어

사용 도구

밀대, 보드, 휠 커터, 수국 커터, 가위, 얇은 붓, 스펀지, 본툴, 셀패드

작업 순서

❶ 반죽을 밀어 펴서 (wired flowers) 기법으로 꽃잎을 한 장씩 만들고 베이너로 잎맥을 찍는다. 이와 같은 방식으로 꽃잎을 4장 만든다.

❷ 보라색의 페이스트를 물방울 모양으로 뭉쳐서 가위집을 넣어 5등분한다. 작은 꽃술 3개를 반으로 접은 다음 고리를 감아 고정시킨 것을 가운데에 끼운다.

❸ 가운데에 봉오리나 수술로 만든 센터를 중심으로 네 장의 꽃잎을 테이핑한다.

❹ 바깥쪽으로 보라색 가루색소로 더스팅하고 안쪽에는 연한 파란색 가루색소로 더스팅한다.

❺ 가운데 수술과 봉오리를 자연스럽게 배치하고 가장자리에 4장의 꽃잎으로 구성한다.

❻ 반죽을 밀어 철사와 연결하고 수국잎 커터로 잎을 찍어 가장자리를 얇게 밀어 펴며 실리콘 잎맥 틀에 눌러 무늬를 내어 웨이브를 주고 마른 후 더스팅한다.

❼ 꽃과 꽃잎으로 어레인지한다.

글로리오사(Glory Lily)

꽃말 – 광영 영광, 광명
(Gloriosa)는 영어의 글로리, 즉 '빛나다'라는 뜻에서 기원되었다. 강렬한 꽃잎이 한여름의 뜨거운 태양을 연상하게 하는 글라리오사는 선 하나하나가 마치 그림같은 아주 멋스러운 꽃이다.

1

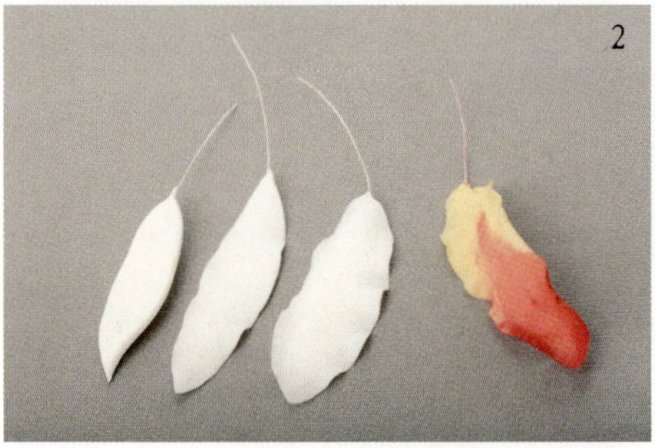

2

3

4

5

사용 도구

밀대, 보드, 휠 커터, 가위, 얇은 붓, 스펀지, 본툴, 셀 패드

사용 재료

철사, 색소, 페이스트 색소, 더스팅 색소, 플로리스트 테이프, 굵은 와이어

작업 순서

❶ 암술 – 연두색 테이프를 삼등분하여 각각 꼬아서 철사에 연결시킨 다음 가위로 다듬는다. 철사 아래쪽에 연두색 반죽을 붙인 후 휠 커터를 이용하여 삼등분이 되게 선을 긋는다.

수술 – 흰 철사에 반죽을 균일하게 일자로 붙이고 ㄱ자가 되게 꺾어 준비한다. 연한 노란색 반죽을 철사 아래 부분부터 위까지 붙인다. 센터가 되는 암술에 수술 여섯 개를 감싸 테이핑한다.

❷ 반죽을 밀어 펴 만든 꽃잎을 철사에 꿰어 본툴을 이용해 강한 프릴을 넣는다. 가운데에 철사를 중심으로 접힌 자국이 나도록 한다. 붉은색의 크리스마스레드와 노란색의 페이스트 색소로 페인팅하여 여섯 장의 꽃잎을 만든다.

❸ 6등분한 반죽을 밀어펴서 봉오리를 완성한다.

❹ 반죽을 밀어 철사를 끼우고 꽃잎 모양을 그린 후 가장자리를 얇게 밀어펴고 실리콘 잎맥 틀에 눌러 무늬를 내고 웨이브를 준다.

❺ ❶의 센터를 중심에 두고 여섯 장의 꽃잎을 테이핑한 다음 꽃잎을 뒤로 젖혀 모양을 만든다. 꽃잎의 커브가 너무 심하면 나중에 다 엮은 후 뒤집어 모양을 잡을 때 매우 어색한 형태가 나오므로 꽃잎을 너무 뒤로 젖혀 구부리지 않는다.

스카비오사(Scabiosa)

꽃말 – 이루어질 수 없는 사랑
붉은 보라색에서부터 푸른빛을 띤 보라색까지 다양한 보라색, 연보라, 하늘색, 흰색, 핑크톤이 도는 라일락 컬러를 가지고 있는 화사한 꽃이다.

1

2

3

4

5

6

사용 도구

밀대, 보드, 휠 커터, 가위, 얇은 붓, 스펀지, 본툴, 셀패드, 카네이션 커터, 실크베이닝 툴

사용 재료

철사, 색소, 더스팅 색소, 플로리스트 테이프, 굵은 와이어

작업 순서

❶ 작은 구슬 모양으로 만든 연한 연두색 고리모양을 만들어 준비해 놓은 철사에 걸어둔다. 실을 테이프로 고정하고 실의 끝을 가위로 고르게 다듬는다. 실과 구슬들이 달린 철사가 예쁜 모양으로 어우러지게 한데 모아 테이핑하여 센터를 완성한다.

❷ 반죽을 밀어 카네이션 커터로 찍고 실크베이닝툴을 이용하여 하늘하늘한 프릴을 만들고 가위집을 넣어 모양을 만든다. 만들어 놓은 센터를 중심으로 꽃잎 두 겹을 붙인다.

❸ 반죽을 밀어 펴서 와이어드 플라워(Wired Flowers) 기법으로 꽃잎을 한 장씩 만들어 실크 베이닝 툴로 강한 프릴을 만든다. 이와 같은 방식으로 꽃잎을 10~12장 정도 만든다.

❹ 얇게 밀어 편 녹색 페이스트에 잎커터로 찍고 실리콘 잎맥 틀에 눌러 무늬를 내고 가장자리를 얇게 밀어 피고 잎색으로 더스팅한다.

❺ 꽃잎을 더스팅하고, 꽃받침을 붙인다.

❻ 꽃, 봉오리, 꽃잎을 어레인지하여 완성한다.

양귀비(Opium-Poppy)

앵속 · 약담배 · 아편꽃이 라고도 불리는 양귀비는 미인의 대명사로 불린다. 오묘한 분위기의 이 꽃은 꽃잎 자체가 너무나 얇아 잘못 보관하면 금세 시들어 버리나 하늘거리는 양귀비의 꽃잎은 색이 곱고 신비롭다.

사용 도구

양귀비 커터, 핀셋, 얇은 붓, 스펀지, 둥근 스틱, 양귀비 꽃잎 커터, 잎맥 틀

사용 재료

와이어, 색소, 더스팅 색소, 플로리스트 테이프, 굵은 와이어

작업 순서

❶ 고리모양으로 만든 철사에 연한 녹색 반죽을 끼우고 핀셋을 이용하여 모양을 낸다. 철사에 반죽을 다듬어 만든 꽃술가루를 묻혀 수술을 만든 다음 중심으로 감싸 테이핑한다.

❷ 반죽을 밀어 양귀비 꽃잎 모양을 찍거나 그린 후 세로 잎 베이너로 무늬를 내고 가장자리에 프릴을 넣고 더스팅한다.

❸ 수술을 중심으로 꽃잎을 엮는다.

❹ 작은 물방울 모양의 심지를 만들고 그 심지 위에 꽃잎을 붙인다. 초록색 반죽을 아래쪽에 서로 마주보도록 붙여준 다음 가위집을 넣어 가슬가슬한 느낌으로 표현한다. 꽃과 같은 색으로 더스팅한다.

❺ 얇게 밀어 편 녹색 페이스트에 양귀비 잎커터로 찍고 실리콘 잎맥 틀에 눌러 무늬를 내고 가장자리를 얇게 밀어 피고 더스팅한다.

❻ 꽃, 봉오리, 꽃잎을 어레인지하여 완성한다.

Tip

1. **센터만들기** : 가운데 일정하게 모양이 생기는 센터는 핀셋을 이용해 만들어 준다. 스키훅(가운데 고리를 만들어 눌러 놓은 훅) 위로 센터를 만들 페이스트를 적당량 붙여 모양을 다듬어 준 후 핀셋으로 여섯 등분을 하며 집어준다.
2. **꽃잎의 주름 잡기** : 쪼글쪼글한 주름이 잡힌 잎사귀가 양귀비의 포인트이다. 꽃잎 끝 부분에 실크 베이닝 툴을 이용하여 불규칙한 모양의 프릴을 잡아준다.
3. **봉오리의 텍스처 표현하기** : 가슬가슬한 질감을 표현하기 위해서는 꽃받침을 붙인 뒤 공예용 가위를 끝으로 snip(끝부분만 조금씩 잘라주는 기법)을 해주면 된다. 꽃받침 전체에 아주 작은 가위집을 넣어 준 후 손으로 한 번 쓸어내려 너무 튀어 나오지 않도록 마감해 준다.

달리아(Dahlia)

꽃말 – 우아, 감사, 당신의 사랑이 나를 아름답게 합니다.
가을이 머무는 뜨락에 감사한 마음을 전하는 꽃, 달리아. 언제 보아도 여러 가지 색이 곱고 작은 꽃잎들이 아름다운 꽃이다.

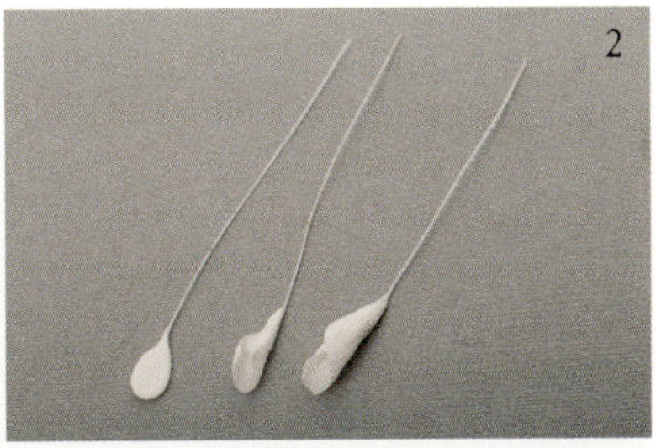

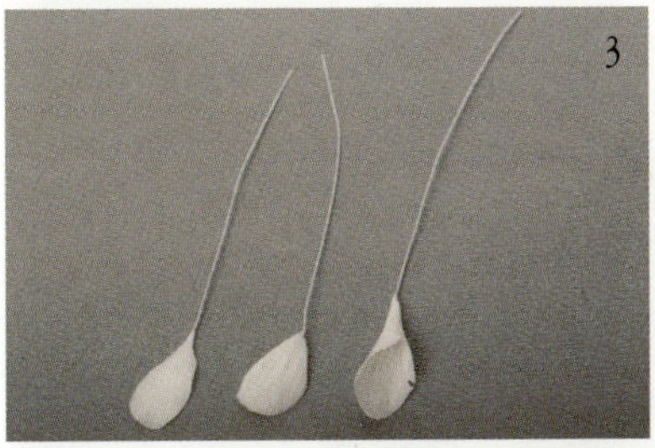

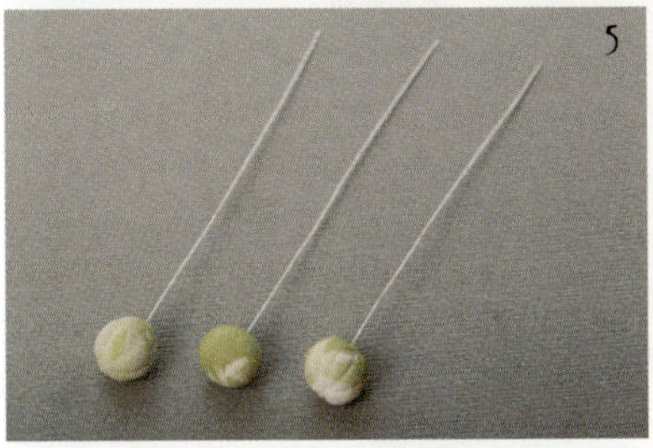

사용 도구

6잎 커터, 핀셋, 얇은 붓, 스펀지, 둥근 스틱, 잎맥 틀

사용 재료

와이어, 색소, 더스팅 색소, 플로리스트 테이프, 굵은 와이어

작업 순서

❶ 둥글게 만든 슈가 반죽에 여섯 잎의 꽃잎을 등분을 나눠 이쑤시게로 얇게 민다. 얇게 민 꽃잎을 겹치지 않게 아래서부터 차례로 붙인다.

❷ 얇게 밀어 핀 반죽에 한잎꽃을 찍어 얇게 핀다.

❸ 얇게 민 반죽을 밑부분을 붙여 말아준다.

❹ 같은 비법으로 3~4단계를 크기대로 층층이 붙인다.

❺ 두 색상을 섞은 페이스트를 둥글게 만들고 모양을 내어 봉오리를 완성한다.

❻ 얇게 밀어 편 녹색 페이스트에 잎 커터로 찍고 실리콘 잎맥 틀에 눌러 무늬를 내고 가장자리를 얇게 밀어 피고 더스팅한다.

❼ 활짝 핀 꽃과 꽃봉오리, 잎을 엮어 완성한다.

클레마티스(Clematis)

꽃말 – 마음의 아름다움과 고결
미나리아재비과의 으아리속이라고도 불리며, 클레마티스는 꽃잎이 6~8장의 겹꽃으로 그 모양이 단아하고 귀티가 난다.

사용 도구

데이지 커터, 핀셋, 칼, 얇은 붓, 스펀지, 둥근 스틱, 클레마티스 꽃잎 커터, 잎맥 틀, 니퍼, 실리콘 잎맥 틀, 클레마티스 잎 커터

사용 재료

실, 와이어, 색소, 더스팅 색소, 플로리스트 테이프, 굵은 와이어, 꽃술용 가루

작업 순서

❶ 실을 엮어 수술을 만들어 둥근 반죽에 끼우고 등분한 꽃잎을 밑에서부터 겹치지 않게 붙인다.
❷ 반죽을 밀어 꽃잎 모양을 찍거나 그린 후 무늬를 내고 가장자리에 프릴을 넣고 더스팅한다.
❸ ❶을 가운데 넣고 와이어드 플라워(Wired Flowers) 기법으로 만든 6장의 꽃잎을 대칭되게 붙인다.
❹ 여러 컬러를 반복해서 자연스러운 컬러를 만들고 가운데 부분을 더 진하게 칠한다.
❺ 물방울 모양의 반죽으로 모양을 내어 봉오리를 만들고 잎을 찍어 더스팅한다.

아네모네(Anemone)

꽃말 – 기대, 기다림, 사랑의 괴로움, 허무한 사랑, 이룰 수 없는 사랑
가장 많은 꽃말을 가진 꽃인 만큼 전해오는 이야기도, 구슬픈 사연도 많은 꽃
아네모네의 꽃말들을 가만히 들여다보면 모두 이별 후에 느끼는 안타까운 심정을 담고 있는 것 같다.

1

2

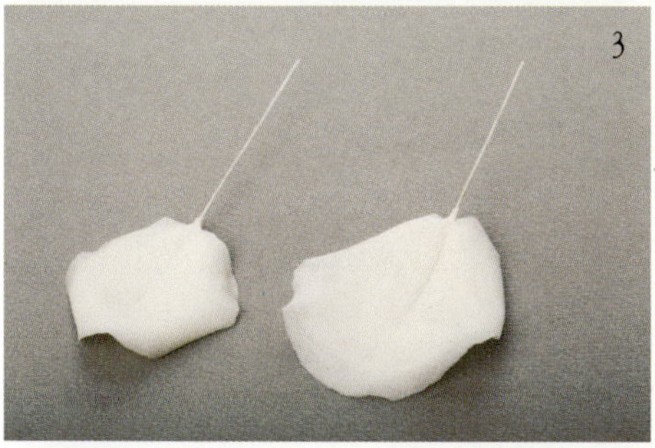

3

4

5

사용 도구

밀대, 보드, 아네모네 커터, 가위, 얇은 붓, 스펀지, 본툴, 셀패드

사용 재료

철사, 더스팅 색소, 실, 꽃술용 가루, 플로리스트 테이프, 굵은 와이어

작업 순서

❶ 둥글게 만든 꽃심에 꽃술용 검은 꽃가루를 묻힌다.

❷ 하얀실의 끝부분에 만든 꽃가루를 묻힌다.

❸ 아네모네 커터로 5장, 7장 와이어드 플라워(Wired Flower) 기법으로 꽃잎을 만든 후 모양을 잡는다.

❹ 연한 녹색 반죽으로 잎사귀 모양을 찍은 후 베이너로 무늬를 내고 더스팅한다.

❺ 잎을 한장 한장 옅은 색으로 시작하여 진하게 더스팅하고 플로리스트 테이프로 엮고 핀 꽃송이와 꽃봉오리, 잎을 적당히 조화시켜 한데 묶는다.

프리지어(Freesia)

꽃말 – 순진한 마음, 청향, 우정, 전진, 순결, 청초
사람들의 옷차림 역시 가벼워지고 새로운 한 해를 시작하는 기대감에 한껏 부풀어 표정도 화사하다. 이렇듯 봄의 노란색은 시작의 느낌을 준다.

1

2

3

4

5

사용 도구

밀대, 보드, 가위, 얇은 붓, 스펀지, 본툴, 셀패드

사용 재료

철사, 더스팅 색소, 실, 꽃술용 가루, 플로리스트 테이프, 굵은 와이어

작업 순서

❶ 풀드 플라워즈(Pulled Flowers) 기법을 이용하여 꽃잎 모양을 만든다. 가위로 6등분한 후 손으로 모양을 잡는다.

❷ 실의 윗부분을 일정하게 자르고 꽃술용 가루를 묻힌 수술을 꽃잎의 중심에 끼워 핀꽃을 완성한다.

❸ 6~8단계로 봉오리부터 꽃잎까지 만든다.

❹ 꽃봉오리부터 만들어진 꽃들을 엮어서 모양을 잡아주고 자연스럽게 더스팅한다.

❺ 연한 녹색 반죽으로 잎사귀 모양을 그린 후 가장자리를 얇게 밀고 더스팅한다.

옥시(Oxypetalum)

꽃말 – 상냥함, 사랑의 방문
별을 닮아 신비로운 꽃. 흰색과 하늘색이 있는데 색감이 연하고 잎이 풍성해서 어떤 꽃과도 자연스럽게 어울린다.

1

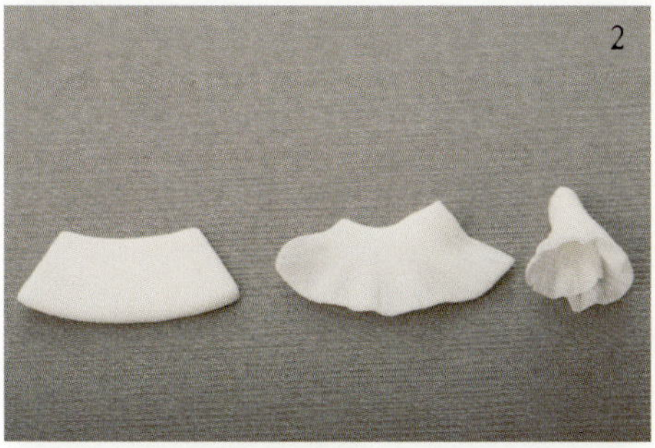

2

3

4

5

사용 도구

밀대, 보드, 휠 커터, 가위, 얇은 붓, 스펀지, 본툴, 셀 패드, 실크 베이닝 툴

사용 재료

철사, 색소, 수술, 페이스트 색소, 더스팅 색소, 플로리스트 테이프, 굵은 와이어

작업 순서

❶ 물방울 모양으로 만들어 가위로 5등분한 후, 손으로 모양을 잡고 밀어 꽃 모양을 만든다.
❷ 실크 베이닝 툴을 이용하여 꽃잎을 밀어 피거나 이쑤시개를 이용하여 끝부분에 잔 프릴을 넣는다.
❸ ❶의 꽃에 ❷의 반죽을 붙여 센터에 끼워 넣고 꽃술 하나를 가운데 끼운다.
❹ 반죽을 밀어 철사를 끼우고 꽃잎 모양을 그린 후 가장자리를 얇게 밀어 펴고 실리콘 잎맥 틀에 눌러 무늬를 내고 웨이브를 준다.
❺ 여러 개의 꽃을 테이핑하고 잎과 함께 정리한다.

수선화(Daffodil)

꽃말 – 자존심, 자기사랑, 고결
나르시스는 연못 속에 비친 자기 얼굴의 아름다움에 반해서 물속에 빠져 죽었는데, 그곳에서 수선화가 피었다고 한다. 그래서 꽃말은 나르시스라는 미소년의 전설에서 '자기주의(自己主義)' 또는 '자기애(自己愛)'를 뜻하게 되었다. 별모양의 꽃잎이 반짝이는 것처럼 향기가 아름다운 꽃이다.

사용 도구

밀대, 보드, 수선화 커터, 가위, 얇은 붓, 스펀지, 본툴, 셀패드, 이쑤시개, 콘베이너

사용 재료

철사, 더스팅 색소, 플로리스트 테이프, 굵은 와이어, 작은 수술

작업 순서

❶ 가는 수술 6개와 가운데 긴 암술을 만들어 노란 꽃가루를 묻히고 길게 뺀 형태로 테이핑한다.
❷ 노란 반죽을 재단하여 실크 베이닝 툴이나 이쑤시개를 이용하여 끝 부분에 잔 프릴을 넣는다. 가위집을 넣은 후 대롱처럼 말아 붙인다.
❸ 노란 페이스트 반죽에 꽃잎을 찍어 가장자리를 얇게 밀고 베이너로 잎맥을 찍는다. 겉장은 멕시칸 햇 기법으로 꽃잎을 만든다.
❹ ❶, ❷를 가운데 두고 꽃잎을 붙인다.
❺ 초록색 슈가 플라워 반죽을 얇게 밀어 펴 잎사귀 모양을 그린 후 가장자리를 얇게 밀고 더스팅한다.
❻ 꽃, 봉오리, 꽃잎을 어레인지하여 완성한다.

체리블라썸(Cherry Blossom)

꽃말 – 순결, 절세미인

피어 있는 모습 못지않게 떨어지는 모습이 꽃비가 내리는 것 같은 착각마저 든다.

또 금세 활짝 피어 화려하게 물드나 싶다가 봄비가 내리면 잎만 푸르게 남는 우리의 삶과 무척 닮아있다.

사용 도구

밀대, 보드, 체리블라썸 커터, 별 커터, 가위, 얇은 붓, 스펀지, 본툴, 셀패드

사용 재료

철사, 더스팅 색소, 실, 꽃술용 가루, 플로리스트 테이프, 굵은 와이어

작업 순서

❶ 검지와 중지 손가락 사이에 실을 약 8회 이상 감아 둥글게 만들어 8자를 만든 후 반으로 접어 고리모양의 철사에 걸어 테이프로 고정한다. 실의 윗부분을 일정하게 자르고 꽃술용 가루를 묻힌다.

❷ 실의 밑부분에 분홍색으로 더스팅하고 얇게 민 페이스트 반죽에 커터를 사용하여 꽃잎을 찍어 가장자리에 프릴을 넣고 ❶을 가운데 두고 꽃잎을 붙인다.

❸ 멕시칸 햇 기법으로 다섯 장의 꽃잎을 만들어 가장자리에 프릴을 넣고 ❷에 한 겹 겹쳐 붙인다.

❹ 초록색 슈가 플라워 반죽을 얇게 밀어 편 후 작은 별 모양 틀로 찍어 꽃받침을 완성한다.

❺ 연한 녹색 반죽으로 잎사귀 모양을 그린 후 가장자리를 얇게 밀고 더스팅한다.

❻ 핀 꽃송이와 꽃봉오리, 잎을 적당히 조화시켜 한데 묶는다.

허니서클(Honey Suckle)

꽃말 – 사랑의 인연
겨울에도 곳에 따라 잎이 떨어지지 않기 때문에 인동초라 불리며 한국 전역에 들이나 산에서 쉽게 볼 수 있다.

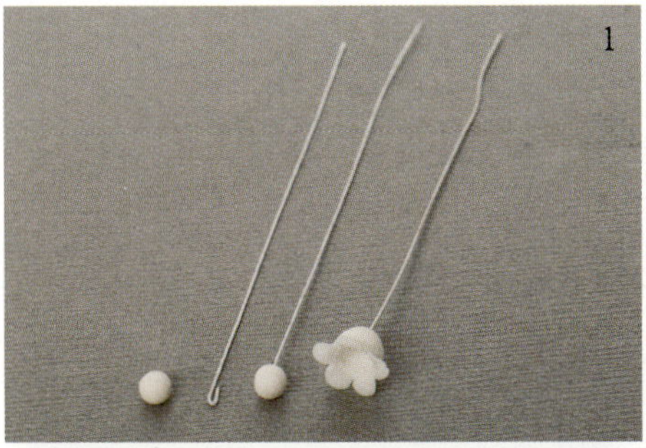

사용 도구

밀대, 보드, 휠 커터, 블라썸 커터, 가위, 얇은 붓, 스펀지, 본툴, 셀패드

사용 재료

철사, 색소, 더스팅 색소, 플로리스트 테이프, 굵은 와이어

작업 순서

❶ 한가운데에 작은 반죽을 끼워 철심을 만들어 꽃의 중심에 끼운다.
❷ 멕시칸 햇 모양으로 만든다. 꼭지 부분을 중앙에 놓고 꽃잎 모양 틀로 찍어내고 본툴을 이용해 꽃잎의 안쪽을 둥글게 넓힌다.
❸ 봉오리부터 각 단계로 만든 꽃잎을 순서대로 어레인지하고, 바깥쪽 밑부분에 옅은 풀색 색소로 더스팅한다.
❹ 반죽을 밀어 꽃잎 모양을 그린 후 가장자리를 얇게 밀어 펴고 실리콘 잎맥 틀에 눌러 무늬를 내고 웨이브를 준다.
❺ 꽃, 봉오리, 꽃잎을 어레인지하여 완성한다.

콘플라워(Corn Flower)

꽃말 – 행복감

국화과에 속하며, 독일의 국화이기도 한 콘플라워는 꽃이 수레바퀴처럼 핀다 하여 수레국화라 불리우며 여름을 수놓는 꽃이다.

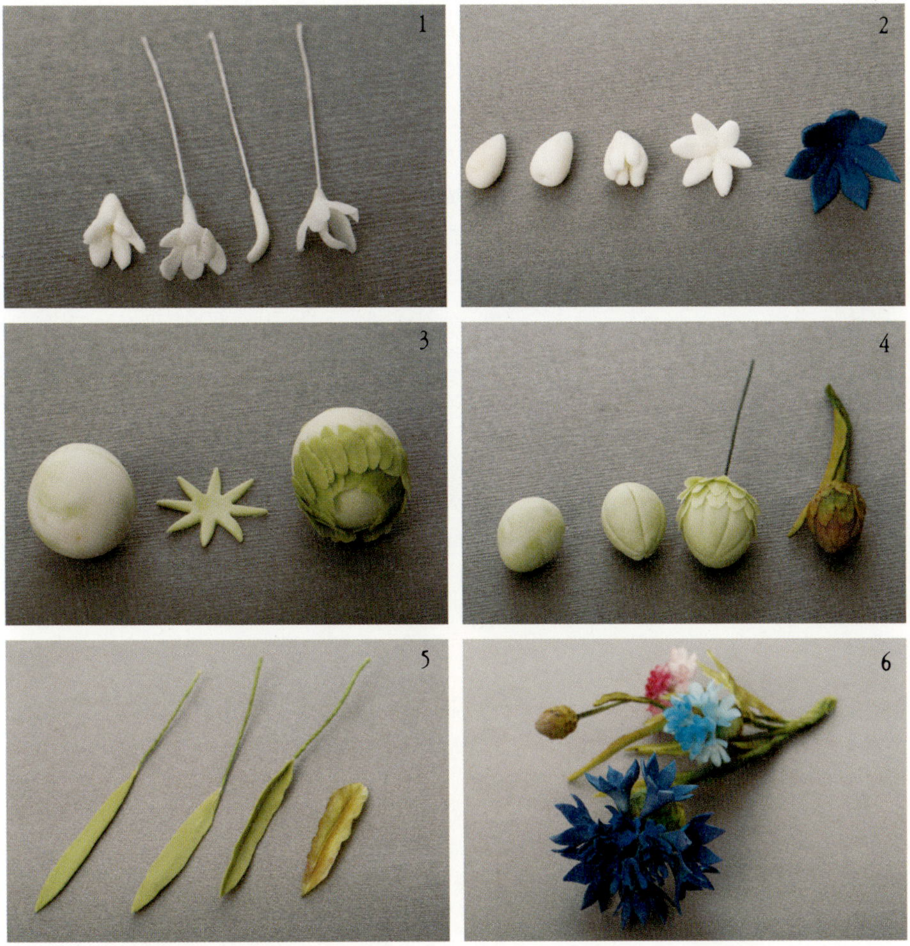

사용 도구

밀대, 보드, 휠 커터, 가위, 얇은 붓, 스펀지, 본툴, 셀 패드

사용 재료

철사, 색소, 더스팅 색소, 플로리스트 테이프, 굵은 와이어

작업 순서

❶ 반죽을 물방울 모양으로 만들어 5등분하여 가운데 구부러진 반죽을 끼운다.
❷ 푸른색 반죽을 준비하거나 더스팅한다. 멕시칸 햇 기법으로 작은 꽃잎을 찍은 후 가는 스틱이나 이쑤시개를 이용하여 꽃잎을 펴준다.
❸ 둥글게 빚은 녹색 반죽에 데이지 커터나 여러 잎 커터를 이용하여 층층이 겹친다.
❹ 물방울 모양의 반죽을 나이프를 이용하여 모양을 내고 꽃 받침을 겹쳐 봉오리를 완성한다.
❺ 반죽을 밀어 잎사귀 모양을 그린 후 가장자리를 얇게 밀어펴고 웨이브를 준다.
❻ ❶에서 만든 꽃잎을 철사에 꿰어 약 5~6개씩 묶은 후 더스팅한다.
❶의 주변에 ❷의 꽃을 7~8송이 감는다. 꽃, 봉오리, 잎사귀를 어레인지하여 완성한다.

스위트피(Sweet Pea)

꽃말 – 추억(나를 기억해 주세요), 즐거움
콩꽃이라고 불리는 덩굴 식물이다. 스위트피라는 이름처럼 꽃잎은 엷고 부드러운 색조, 홀쭉한 줄기와 서로 어울려서 서정성이 풍부한 꽃이다. 다른 잎과 배합시키거나 색과 형태의 대비의 아름다운 양화 등과 섞으면 더욱 빛을 발한다.

사용 도구

밀대, 보드, 스위트피 커터, 별 커터, 가위, 얇은 붓, 스펀지, 본툴, 셀패드

사용 재료

철사, 더스팅 색소, 플로리스트 테이프, 굵은 와이어

작업 순서

❶ 슈가 반죽을 한쪽은 불룩하고 한쪽은 납작하게 둥근 모양으로 빚어 강낭콩을 품고 있는 콩깍지를 만든다.
철심을 낚싯바늘처럼 구부려 뒤로 젖힌 후 콩깍지의 불룩한 쪽에 끼운다.

❷ 슈가 플라워 반죽을 얇게 밀어 스위트피 꽃잎 모양 틀로 찍어낸다. 이것을 스펀지판 위에 놓고 본툴로 가장자리를 문지른 후 가운데 부분을 풀을 칠해 ❶의 얇은 부분을 앞쪽으로 해서 감싸듯이 붙인다.

❸ 슈가 반죽을 얇게 밀어 콩 껍질 모양 틀(가운데가 갈라진 것)로 찍어낸다. 이것을 스펀지 위에 놓고 이쑤시개로 문질러 프릴을 준 후, 갈라진 쪽이 밑으로 가게 해서 ❷와 같은 방법으로 붙인다.

❹ ❸과 같은 방법으로 만들어 세 번째 꽃잎을 만든다.

❺ ❹와 똑같이 여러 색상을 섞어 더스팅한다.

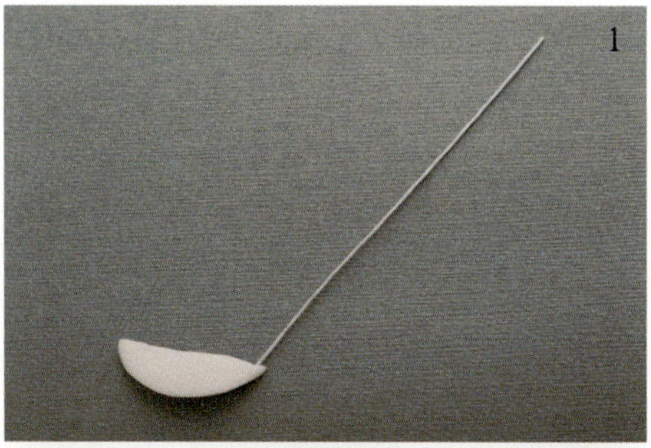
1

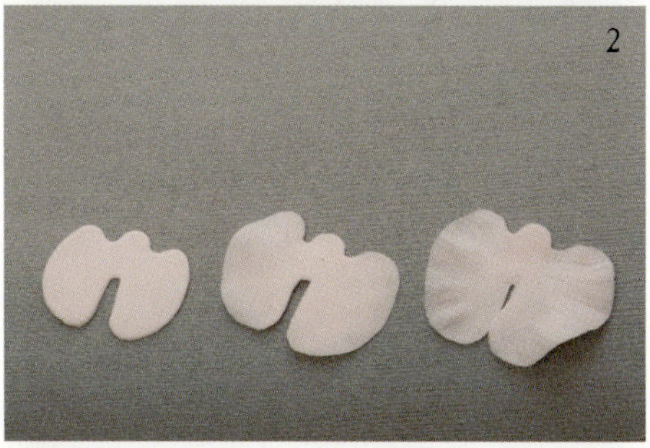
2

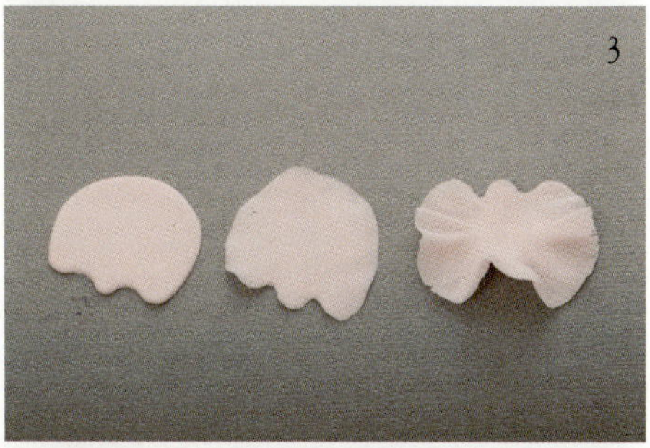
3

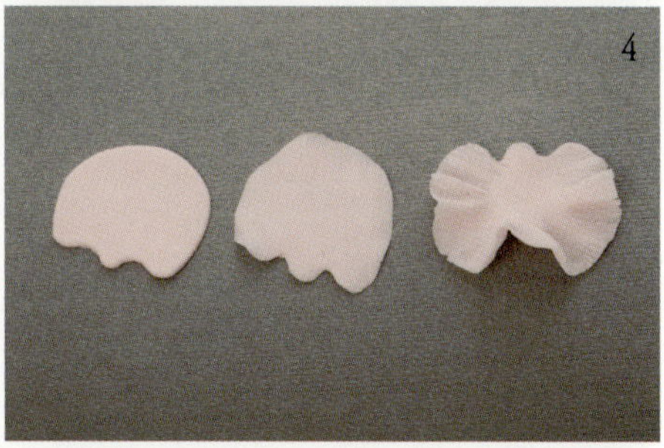
4

5

6

마거리트(Marguerite)

꽃말 – 진실한 사랑
데이지 비슷하게 생긴 국화과의 꽃
잎은 깃 모양으로 길게 갈라지며, 쑥갓잎처럼 생겼다. 여름부터 가을에 걸쳐 흰색, 노란색 따위의 두상화(頭狀花)가 피는데 들국화와 비슷하고 어느 곳에서도 쉽게 보지만 순수하고 예쁜 꽃이다.

사용 도구

밀대, 보드, 마거리트 커터, 별 커터, 가위, 얇은 붓, 스펀지, 본툴, 셀패드

사용 재료

철사, 더스팅 색소, 꽃술용 가루, 플로리스트 테이프, 굵은 와이어

작업 순서

❶ 둥글게 만든 꽃심에 꽃술용 꽃가루를 묻인다.
❷ 꽃 모양 틀을 찍어 본툴로 끝 부분을 문질러준다. 바깥장은 멕시칸 햇으로 만들어 커터로 찍는다.
❸ ❶을 가운데로 오게 하고 ❷의 꽃잎 두 장을 붙인다.
❹ 둥글게 만든 페이스트에 나이프로 등분하고 작은 별 모양 틀로 찍어 꽃받침을 완성한다.
❺ 꽃잎을 반으로 접어 봉오리를 만들고 꽃받침을 붙인다.
❻ 연한 녹색 반죽으로 잎사귀 모양을 찍은 후 베이너로 무늬를 내고 더스팅한다.
❼ 활짝 핀 꽃송이와 꽃봉오리, 잎을 적당히 조화시켜 한데 묶는다.

카네이션(Carnation)

꽃말 – 모정, 사랑, 부인의 애정
카네이션은 미국의 한 여성에 의해 어머니에 대한 사랑을 상징하는 꽃이 되었다. 한국에서도 어버이날과 스승의 날에 부모님과 스승의 가슴에 붉은색 카네이션을 달아드려 감사의 뜻을 표한다.

사용 도구

밀대, 보드, 카네이션 커터, 별 커터, 가위, 얇은 붓, 스펀지, 본툴, 셀패드

사용 재료

철사, 더스팅 색소, 플로리스트 테이프, 굵은 와이어

작업 순서

❶ 슈가 반죽을 얇게 밀어 편 후 꽃잎 모양 틀로 찍어 낸 후 이쑤시개로 가장자리를 얇게 문질러 프릴을 준다.

❷ 꽃잎을 한쪽 방향으로 접어 붙이고 감싸 붙인다.

❸ ❷에 얇게 밀어 핀 꽃잎을 한 겹 두 겹 붙여서 카네이션의 볼륨감을 만든다.

❹ 연한 녹색 반죽으로 잎사귀 모양을 그린 후 가장자리를 얇게 밀고 더스팅한다.

❺ 초록색 페이스트 반죽을 얇게 밀어 편 후 작은 별 모양 틀로 찍어 꽃받침을 완성한다.

❻ 핀 꽃송이와 꽃봉오리, 잎을 적당히 조화시켜 한데 묶는다.

해바라기(Sunflower)

꽃말 – 숭배, 기다림/해가 움직이는 대로 고개를 움직여 오로지 해만 바라보는 해바라기
한여름의 강렬한 태양 아래서 커다란 꽃을 탐스럽게 피운 모습은 신선하고 열정적이다.

사용 도구

밀대, 보드, 휠 커터, 해바라기 커터, 가위, 얇은 붓, 스펀지, 본툴, 셀패드, 거름망

사용 재료

철사, 색소, 페이스트색소, 더스팅 색소, 플로리스트 테이프, 굵은 와이어, 꽃술용 가루

작업 순서

❶ 갈색 검페이스트를 준비해서 거름망에다 눌러 모양을 내어주고 물들인 꽃술을 균일하게 감아 엮는다. 수술에 꽃가루를 묻혀 자연스러운 수술을 표현한다.

❷ 해바라기 커터를 이용하여 안쪽에는 이등분하여 붙이고 겉장은 겹겹이 등분하지 않고 붙인다.

❸ 꽃받침을 커터로 찍고 가장자리를 밀어 편 후 가운데 부분을 살짝 접어준다. 꽃받침을 이중으로 붙인다.

❹ 반죽을 밀어 철사를 끼우고 꽃잎 모양을 그린 후 가장자리를 얇게 밀어펴고 실리콘 잎맥 틀에 눌러 무늬를 내고 웨이브를 준다.

❺ 꽃, 봉오리, 꽃잎을 어레인지하여 완성한다. 안쪽을 해바라기 색보다 진한 색으로 더스팅하여 입체감을 살려준다.

거베라(Gerbera)

꽃말 – 신비, 수수께끼

유난히 색이 선명해 화환에 많이 사용하는 꽃, 거베라는 꽃의 형태를 유지하고 수송을 편리하게 하기 위해 줄기에 철사를 꽂아 테이핑을 하고 꽃잎에는 플라스틱 캡을 씌운다.

하지만 꽃도 살아 있는 존재인데, 그 과정이 얼마나 아프고 힘겨울까? 모든 과정을 견뎌낸 거베라는 얼굴에 상처 하나 없이 빳빳하게 고개를 든 반듯하고 선명한 모습이다.

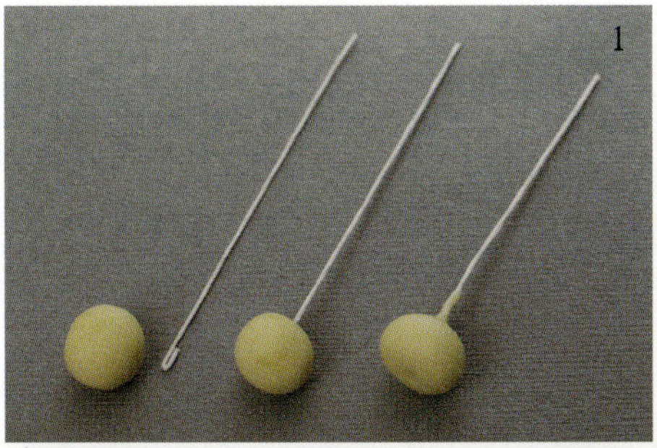

사용 도구

밀대, 보드, 휠 커터, 거베라 커터, 데이지 커터, 이쑤시개, 베이닝 툴, 가위, 얇은 붓, 스펀지, 본툴, 셀패드

사용 재료

철사, 색소, 페이스트 색소, 더스팅 색소, 플로리스트 테이프, 굵은 와이어, 꽃술용 가루

작업 순서

❶ 반죽을 둥글게 빚어 앞을 살짝 구부린 철사에 꽂아 가운데 수술을 만든다.

❷ 얇게 밀어 핀 반죽에 데이지 커터로 찍어 꽃잎을 등분하여 이쑤시개나 베이닝 툴을 이용하여 얇게 핀다.

❸ ❶의 반죽에 꽃가루를 묻히고 등분한 꽃잎을 겹겹이 붙인다.

❹ 얇게 밀은 반죽을 거베라 커터로 찍고 실리콘 잎맥틀로 잎맥 무늬를 낸다.

❺ 꽃술을 가운데 두고 균일하게 꽃잎을 붙이고 완성한다. 완전히 마른 후 원하는 거베라색으로 더스팅한다.

칼라(Calla)

꽃말 – 열정, 청정
부케에 가장 많이 사용하는 꽃이자 조의용, 관장식에도 사용하는 꽃이 칼라이다. 인생의 새로운 시작인 결혼식과 인생의 마지막인 장례식에 두루 사용된다. 그래서 칼라는 삶의 시작과 끝을 의미하는 꽃이자, 시간의 의미가 담긴 꽃이다.

작업 순서

❶ 꽃술을 만든다. 노란색 반죽을 타원형으로 감아 붙인다. 꽃술용 가루를 2/3 가량 묻혀 부숭부숭한 꽃술을 표현한다.

❷ 칼라 꽃잎을 만든다. 흰 슈가 플라워 반죽을 얇게 밀어 편 후 꽃잎 모양 틀로 찍어내고 본툴로 가장 자리를 문지른다.

❸ 꽃술을 중심에 두고 꽃잎에 흰자나 풀을 살짝 바른 후 밑 부분을 감싸듯이 붙인다. 어느 정도 마르면 연두색 색소를 꽃잎 끝 부분과 밑부분에 살짝 칠한다.

❹ 반죽을 밀어 잎사귀 모양을 그린 후 가장자리를 얇게 밀어 펴고 실리콘 잎맥 틀에 눌러 무늬를 내고 웨이브를 준다. 잎사귀가 마른 후 얇은 붓과 색소를 이용해서 문양을 그린다.

❺ 꽃, 봉오리, 잎사귀를 어레인지하여 완성한다.

사용 도구

밀대, 보드, 휠 커터, 칼라 커터, 가위, 얇은 붓, 스펀지, 본툴, 셀패드

사용 재료

철사, 색소, 더스팅 색소, 플로리스트 테이프, 굵은 와이어, 꽃술용 가루

프릴(Frill)

프릴은 천과 같은 질감을 표현하는 기법이다. 케이크의 측면과 윗면을 장식하거나 하늘하늘한 꽃잎을 만들 때도 사용한다. 한 겹, 두 겹으로 하거나 부분적으로는 많이 겹치게 하는 등, 여러 가지 형태로 만들 수 있다. 프릴을 만드는 도구는 커터와 스틱이다. 전용 프릴 커터가 있긴 하지만 원형 커터나 꽃 커터를 이용해서도 만들 수 있다. 천처럼 가볍게 보이게 하기 위해 슈가 페이스트를 얇게 늘려야 되므로 페이스트가 쉽게 건조 될 수 있어 붙이는 과정을 신속하게 해야 하며, 반죽 사이에 휴지를 끼워 모양이 굳기 전에 형태를 잡아주는 것이 중요하다.

작업 순서

1. 슈가 페이스트를 얇게 민다.
2. 프릴 커터를 이용하여 찍어낸다.
3. 도구를 이용하여 돌려가며 프릴을 잡는다.
4. 케이크의 한쪽 면에 한 단을 붙여 고정시킨다.
5. 한 단 붙인 프릴 위에 차례로 3장을 붙여준다.

Tip 손의 강약 조절을 하여 프릴을 잡는다.

Tip

페이스트에 아주 소량의 물을 섞어 치대면 반죽이 질어지면서 끈적끈적해진다. 이것을 슈퍼글루(super glue)라고 하며, 굳으면 좋은 풀 역할을 한다.

리본(Ribbon)

리본은 반죽으로 모양을 잡아 입체적으로 표현할 수 있다. 길이나 두께가 일정해야 하며 반죽이 마르기 전에 휴지를 끼워 형태를 잡아주는 것이 중요하다.

작업 순서

❶ 페이스트를 밀어서 긴 직사각형으로 자른다.
❷ 주름을 잡은 후, 위에 만들어놓은 작은 직사각형에 리본 양쪽 부분의 가운데에 둘러 준다.
❸ 긴 직사각형을 반으로 접는다. 두 개를 동일하게 만들어 준다.
❹ 리본 다리 부분을 먼저 프릴을 잡은 후, 먼저 케이크에 붙인다.
❺ ❸을 풀로 붙여서 완성한다.

드레이프(Drape)

슈퍼글루(Super Glue)
페이스트에 아주 소량의 물을 섞어 치대면 반죽이 질어지면서 끈적끈적해진다. 이것을 슈퍼글루라 하며 굳으면 좋은 풀 역할을 한다.

작업 순서

❶ 슈가 페이스를 얇게 민다.
❷ 윗부분을 손가락으로 주름을 잡아 한 칸만 눌러 붙인다(반죽이 마르지 않은 상태라면 물을 사용하지 않아도 잘 붙는다).
❸ 슈퍼글루(페이스트에 소량의 물을 섞어 만든 풀)를 이용하여 커버링된 케이크 윗부분에 완성된 드레이프를 붙인다.
❹ 아랫부분에 주름을 잡아 정리하고 하단에 보기 좋게 붙인다.

스모킹(Smocking)

스모킹 전용 밀대와 핀셋으로 주름을 잡은 다음 일정한 간격의 점들을 색깔 있는 아이싱으로 연결해 자수 모양을 내는 기법이다. 스모킹 전용 밀대를 사용하면 기준이 되는 선들을 일정한 간격으로 간편하게 표시할 수 있다. 섬세하고 우아한 느낌을 주는 데커레이션이다.

작업 순서

1. 얇게 밀어 편 슈가 페이스트 위에 줄무늬 밀대로 무늬를 낸다.
2. 핀셋으로 집어 모양을 낸다.
3. 로열 아이싱으로 짜서 완성한다.

익스텐션(Extension)

케이크의 측면에 브리지를 만들고 수직으로 위에서 아래로 아이싱을 짜서 레이스 커튼처럼 만드는 기법이다. 위처럼 보더 위에 레이스를 작게 붙이거나, 브리지에 도트나 작은 스캘럽을 짜서 장식하기도 한다.

작업 순서

❶ 원하는 규격을 먼저 재서 표시한다.
❷ 진주핀에 쇼트닝이나 기름을 바른다(핀을 뺄 때에 짜 놓은 로열 아이싱이 핀에서 잘 분리되게 하기 위함).
❸ 꽂은 핀 위에 로열 아이싱을 짜서 파이핑을 한 후 몇 시간을 충분히 건조시킨다.
❹ 원하는 디자인을 표시한 후에 정확한 간격으로 섬세하게 파이핑을 하여 둘레 전체에 짜 내린다.
❺ 밑줄에 두른 핀 사이에 위쪽 핀을 둘러 꽂는다.
❻ 아래쪽과 마찬가지로 정교하게 짜 내린다.

라인워크(Linework)

브리지 형태도 여러 가지인데 익스텐션에서 라인을 겹치는 것을 라인워크라 한다.
이 기법으로 장식하는 케이크는 미리 커버링을 하여 표면을 완전히 건조시킨 후에 핀을 줄자를 사용하여 정확한 사이즈로 고정시킨다.

보더의 길이는 케이크 높이의 1/2~1/3이 적합하며 너무 길면 무게로 인해 부서지기 쉽다.
보더와 보더 사이의 길이, 아이싱의 굵기, 간격이 일정해야 한다.

브러시 엠브로이더리(Brush Embroidery)

케이크의 윗면이나 측면에 붓을 사용해서 아이싱으로 자수한 것처럼 표현하는 기법이다. 평면적인 장식이지만 그리는 방법에 따라 입체감을 느낄 수 있는 우아한 데커레이션이다.

사진처럼 보라색의 바탕과 대비되는 색의 아이싱으로 눈에 띄는 장식 효과를 얻을 수 있지만 하얀 슈가 페이스트에 하얀색의 아이싱으로 장식해도 우아하고 고급스런 멋이 있어 웨딩 케이크에 사용된다.

작업 순서

1. 케이크에 먼저 원하는 밑그림을 그려준다.
2. 밑그림에 맞춰서 로열 아이싱을 조금씩 짜 주면서 붓에 물을 조금 묻혀서 같은 방향으로 끌어 내려준다.
3. 모든 디자인을 안쪽 방향을 향해서 작업을 한다.

레이스워크(Lace Work)

작업 순서

1. 넓고 평평한 아크릴 판 위에 레이스 문양을 붙인다.
2. 쇼트닝을 얇게 바른 OHP 필름을 위에 얹고 테이프로 고정시킨다.
3. 모양대로 로열 아이싱을 파이핑한다.
4. 완전히 건조되면 필름에서 분리하여 사용한다.

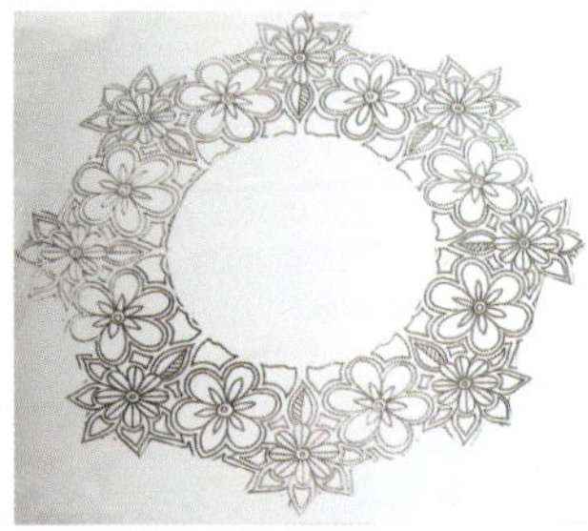

한 부분씩 짜서 만든 장식을 케이크에 붙여서 레이스처럼 보이게 하는 기법이다. 케이크를 우아하고 섬세하게 보이게 하며 프릴이나 익스텐션 등과 조합하면 한층 효과적이다.
밑그림 위에 왁스페이퍼나 쇼트닝을 바르고 로열 아이싱을 짠다.
쉽게 부서지기 쉬우므로 여분을 만들고, 핀셋을 사용하여 필름에서 분리하면 쉽게 떼어낼 수 있다. 튼튼한 레이스는 아이싱의 상태에 따라 다르기 때문에 농도를 잘 조절해야 한다.

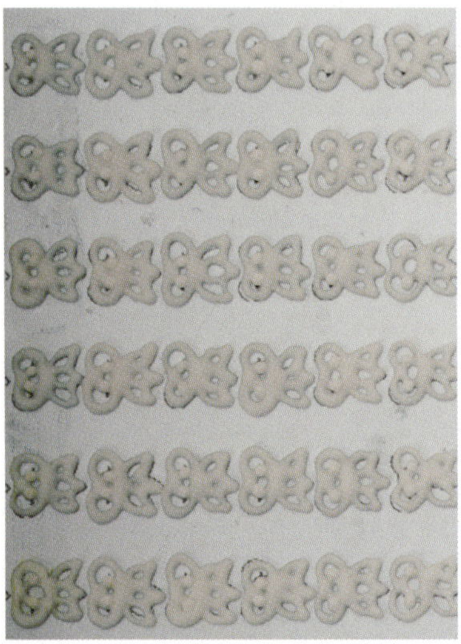

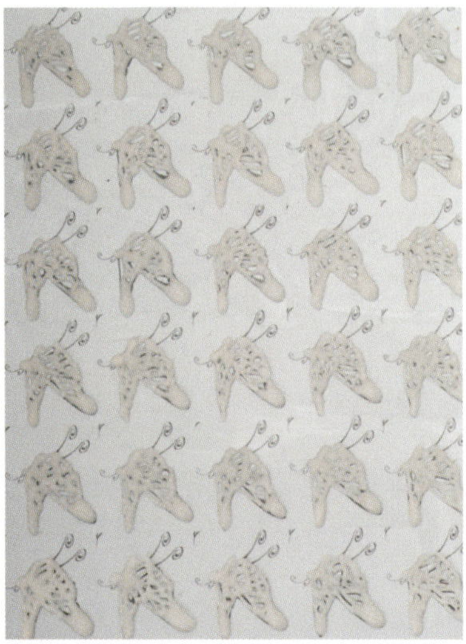

자수(Tube Embroidery)

작업
순서

1. 케이크에 먼저 원하는 밑그림을 그려준다.
2. 색소를 섞은 로열 아이싱을 튜브에 넣는다.
3. 가장자리부터 안쪽을 향해 같은 방향으로 작업을 한다.

런아웃(Runout)

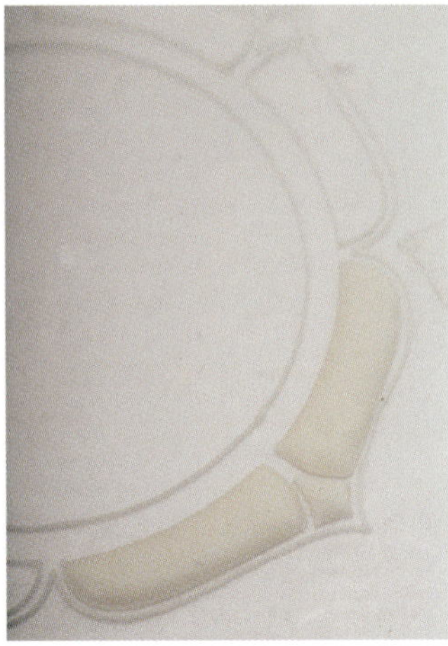

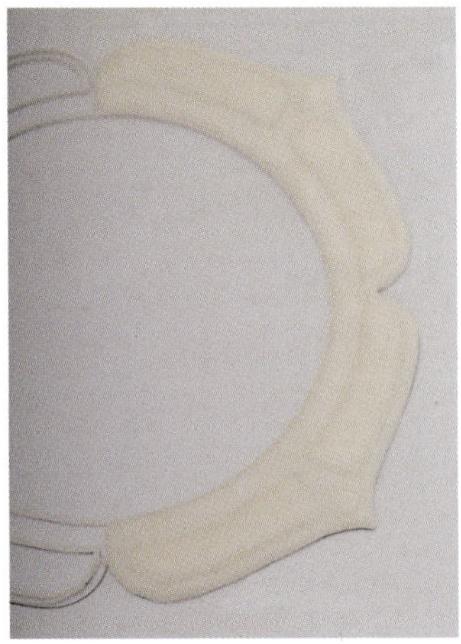

런아웃은 아이싱을 짜서 테두리를 만들고, 그것을 케이크의 주변에 둘러 케이크의 외관을 실제보다 크게 보이게 하거나 모양을 여러 가지로 바꿔 보이게 하는 기법이다.
이 기법에는 케이크의 모서리나 주변에 부분적으로 붙이는 방식과 전체에 한 장을 크게 붙이는 방식이 있다. 이 기법은 테두리를 원하는 형태로 만들 수 있어 응용 범위가 넓은며, 그림의 윤곽을 따라 아이싱을 채우는 기법을 플러딩(flooding)이라고 한다.

플러딩은 아웃라인을 넘어서는 안 되지만 충분히 채우지 않으면 표면이 균일하게 되지 않아 갈라지고 만다. 커다란 형태인 경우는 안쪽까지 건조되는 데 상당한 시간이 필요하다. 내부까지 완전하게 건조시킨 후 케이크에 붙여야 하는데 암램프(arm lamp)를 이용해서 건조를 빠르게 하는 것도 하나의 방법이다.

십자수(Cross-Stitch)

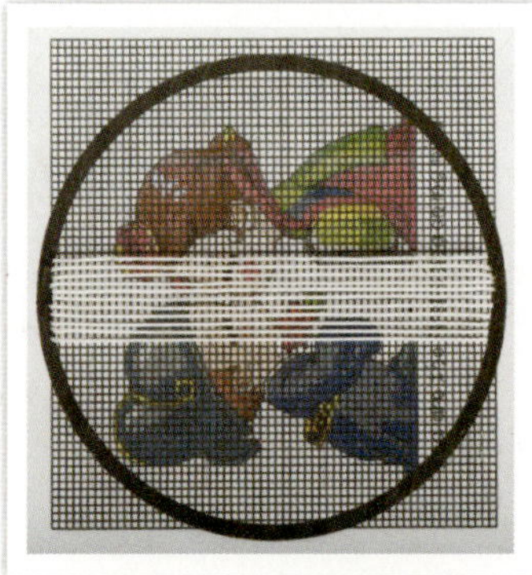

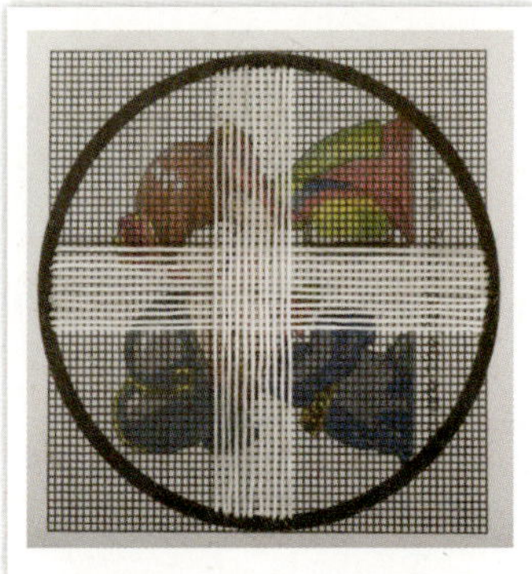

작업 순서

십자수 짜기

❶ 로열 아이싱을 짜서 바둑판 모양을 만든다.
❷ 디자인에 따라 로열 아이싱에 색소를 넣어 색상을 만든다.
❸ 색소를 섞은 로열 아이싱으로 디자인에 맞게 짜 준다.
❹ 윤곽선을 검은색 아이싱으로 그려 선명하게 한다.

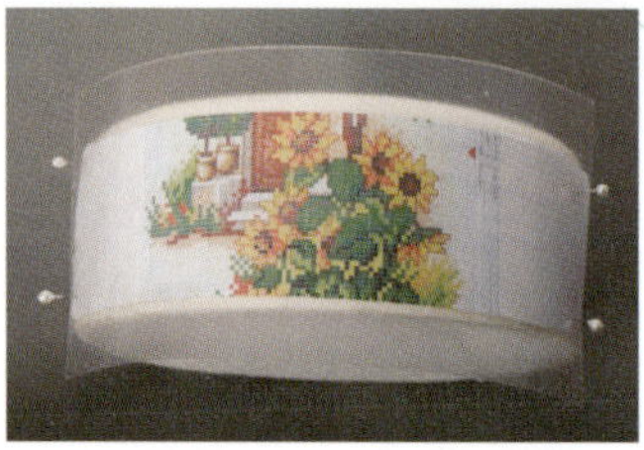

Tip
아이싱이 마른 후 잘 떨어지게 하기 위해 필름에 쇼트닝을 얇게 펴 바른다.

chapter 04

에어브러시 기법

Air Brush Technique

CAKE
DECORATION
BIBLE

에어브러시 기법(Air Brush)

핸드 피스라 불리는 소형의 스프레이 건(spray gun)을 이용해서 잉크나 그림 물감을 잔서리처럼 화면에 뿌리는 기법, 혹은 그 장치를 말한다.

압축공기를 이용해 물감을 뿌리면서 입체적인 공간감을 표현하며 버터크림, 무스케이크나 양과자, 초콜릿, 설탕공예 등에도 포인트가 되는 명암이나 색채 조절에 큰 효과를 준다. 제과 분야에서 에어브러시의 도입은 정밀하며 입체적인 이미지를 잘 표현할 수 있게 함으로써 점차 디자인과 창의적인 장식 기법이 중요시되고 있다.

에어브러시

에어브러시는 기초가 중요하다. 종이에 직선과 곡선을 뿌려 보거나 거리를 다양하게, 공기의 압력을 다르게, 물감의 농도를 다르게 뿌려보면서 숙달로 인한 테크닉을 익혀야 한다.

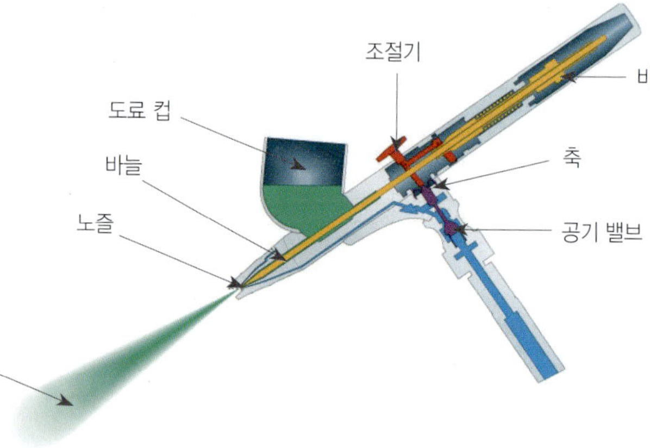

- **조절기(main lever)** : 누르면 공기를 방출했다가 다시 돌아가는 장치. 바늘을 움직여 노즐이 열리는 정도를 조절한다.
- **도료 컵(fluid cup)** : 물감의 용기이며, 바늘의 위치에 따라 공기에 의해 일정량의 물감이 들어간다.
- **바늘(needle)** : 물감의 흐름을 조절하는 움직이는 부분. 조절기에 의해 제어된다.
- **노즐(nozzle)** : 개구부가 있는 금속 부분. 이곳을 통해 공기와 물감이 결합되어 컬러 스프레이를 만든다.
- **컬러 스프레이(color spray)** : 가루로 분쇄된 도료
- **공기 흐름(air flow)** : 노즐 쪽으로 움직이는 압축 공기
- **공기 밸브(air valve)** : 압축 공기의 흐름을 조절하는 밸브
- **축(pivot)** : 공기 밸브를 여는 부품으로, 조절기에 의해 제어된다.
- **바늘 고정 나사(needle assembly)** : 바늘을 움직이는 장치

에어브러시 도구

에어브러시 작업에 필요한 도구와 재료는 에어브러시, 컴프레서, 피스걸이, 아트나이프, OHP 필름, 식용색소, 물통, 보호테이프 등이다.

에어브러시 사용법

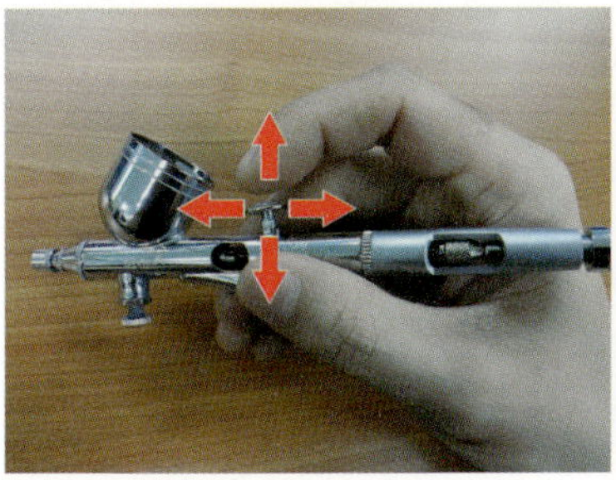

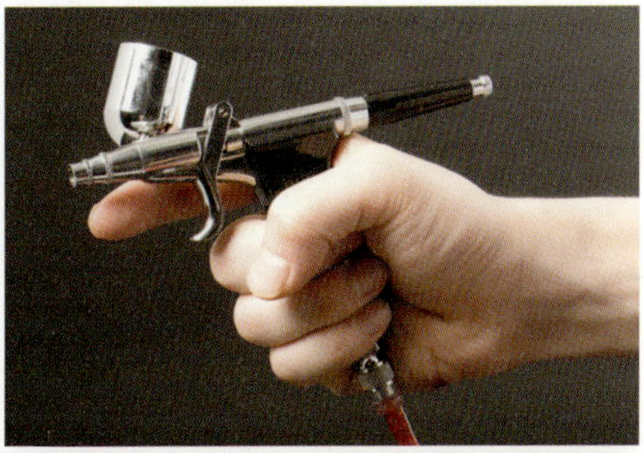

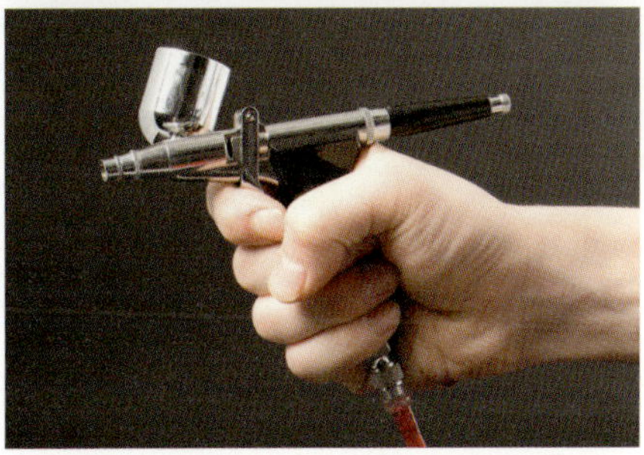

에어브러시는 대부분 투액션 방식으로 작동된다. 사진과 같이 잡고 사용하고, 검지로 조절한다. 버튼을 위아래로 누르는 힘에 따라 공기의 분사압이 달라지고 이 분사압은 에어브러시에 연결된 컴프레서에서도 조절할 수 있다.
버튼을 앞뒤로 당기는 정도에 따라 에어브러시 컵에 담긴 도료의 도포량이 달라진다. 버튼에 힘을 주지 않으면 안에 장착된 스프링에 의해 자연스럽게 앞으로 위로 당겨지게

되며 이렇게 되면 공기압이 줄어들고 도료 분사량도 줄어 결국엔 작동을 멈춘다.
이렇게 네 가지 방향을 조합하여 도료의 분포량과 공기압을 조절하면 얇은 선, 굵은 선, 넓은 면, 좁은 면, 가루표현, 가루표현의 입자크기 등 다양한 표현이 가능하다.
에어브러시의 다양한 표현은 색 농도, 면적, 굵기, 입자 모양에 따라 다양하게 표현할 수 있다.

자유로운 표현을 위해선 어느 정도 숙련도가 필요하고, 투액션과 에어브러시 도포 시간 등을 조절하여 다양한 표현을 연습하고 숙달시킬 필요가 있다.
에어브러시는 한 곳에 오래 뿌리면 뭉치기 때문에 기본적으로 지나가듯이 뿌려야 하며, 옅게 여러 번 뿌려서 진하게 하는게 좋다. 그렇지 않으면 도료가 뭉칠 우려가 있다.
도포 시작점과 끝점엔 자칫하면 도료가 튈 수 있으니 주의해야 한다.

밑그림 준비 및 마스크 투각작업

투명한 필름에 원하는 디자인의 본을 뜨는 작업이다.
마스크작업에 있어 가장 중요한 것은 사물의 명암을 표현하는 것이며 마스크의 수가 많을수록 작업은 더 쉬워지고 뚜렷하게 표현된다. 마스크 투각에 앞서 우선 인물의 얼굴에서 포인트가 되는 부분을 잡는다. 눈동자, 코, 입술 등 표정을 살릴 수 있는 부분, 혹은 명암으로 질감을 표현하면 잘 표현할 수 있다.

기초 표현 작업

기하학적 모양

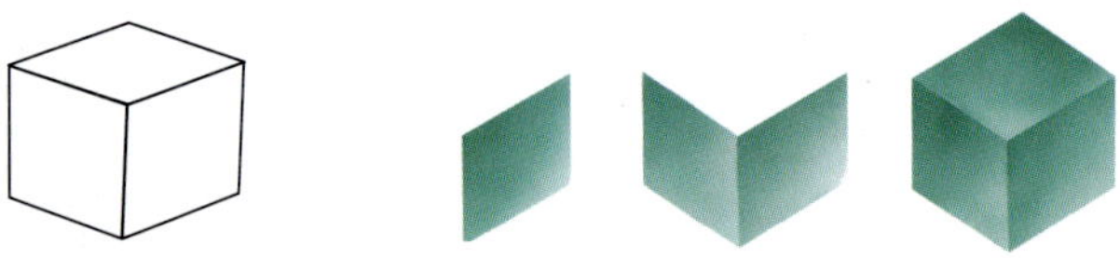

❶ 모양을 그리고 마스크를 붙이고 모든 선을 잘라둔다.
❷ 오른쪽 마스크를 떼어내고 왼편 구석을 더 어둡게 뿌린다. 반대쪽으로 갈 수록 중간명도가 되도록 뿌린다.
❸ 왼쪽 마스크를 떼어내고 왼편의 위쪽이 어둡고 반대쪽으로 갈수록 밝아지게 뿌린다.
❹ 위쪽 마스크를 떼어내고 위가 어둡게 되도록 뿌리고 앞쪽으로 올수록 흰색이 되도록 뿌린다. 왼쪽면이 가장 밝은 부분이다.

입방체

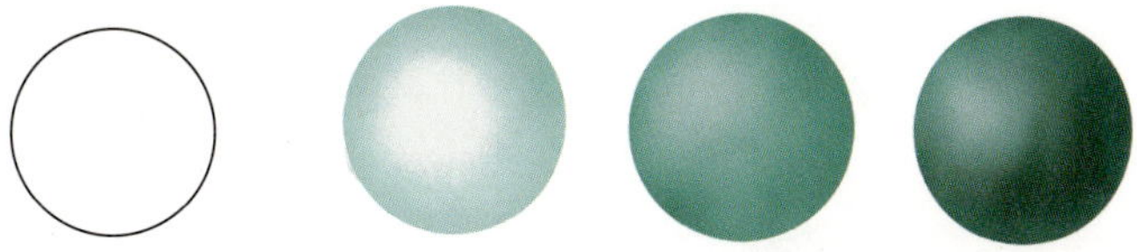

❶ 모양을 그리고 마스크를 붙인다. 모든 선을 따라 자른다.
❷ 원을 떼어내고 외곽선 부분에 가볍게 뿌린다.
❸ 잘라낸 원보다 작은 마스크를 사용해서 빛이 반사되는 부분을 남겨 두고 낮은 쪽에 그림자를 뿌린다.
❹ 원의 아래 그림자는 어둡게 뿌리고 가장 밝은 부분은 거의 흰색으로 남긴다.

원통

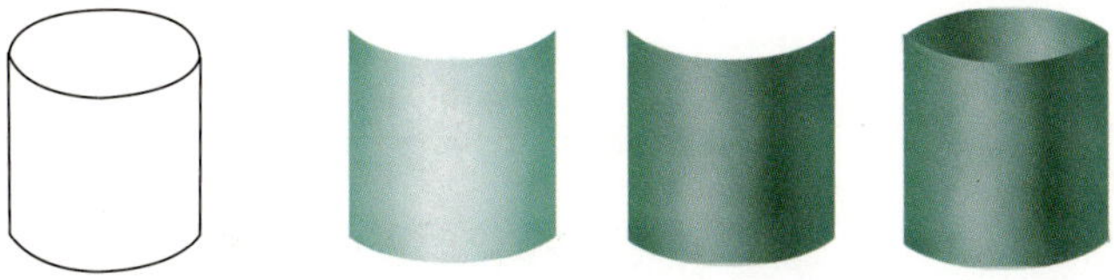

❶ 모양을 그리고 마스크를 붙인다. 모든 선을 자른다.
❷ 원통의 앞쪽 마스크를 떼어내고 가장 밝은 부분은 두고 왼쪽 가장자리와 오른쪽을 가볍게 뿌린다.
❸ 가장자리부터 어두운 그림자를 뿌린다. 빛의 반사를 표현하기 위해서 마스크를 약간 올려 사용한다.
❹ 마지막으로 윗부분의 마스크를 떼어내어 어둡게 뿌리고 앞으로 나올수록 희게 뿌린다.

원뿔

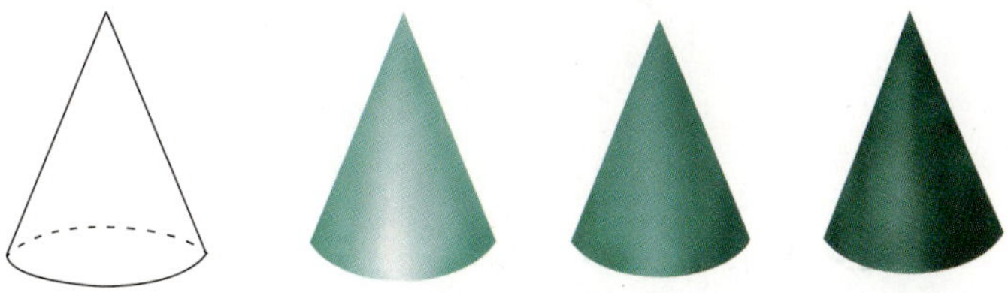

❶ 모양을 그리고 마스크를 붙인다. 모든 선을 자른다.
❷ 마스크를 떼어내고 가장자리와 오른쪽의 절반을 뿌린다.
❸ 가장자리는 더 어둡게 뿌리고 가장자리부터 약간 들어올린 마스크를 사용한다.
❹ 오른쪽 면을 더 어둡게 뿌리고 가장자리부터 마스크를 들어올려 사용한다.

❶ 마스크를 붙이고 사과의 외곽선, 테두리선을 자른다. 하이라이트 부분은 하얗게 남겨 둔다.
❷ 가장자리 부분과 그림자 부분을 반복해서 뿌린다.
❸ 줄기의 마스크를 벗기고 갈색으로 뿌린다.
❹ 사과의 윗부분을 떼어내고 초록색으로 뿌리고 모든 마스크를 떼어내고 세부 묘사를 한다.

제품 응용

에어브러시를 활용한 스텐실 기법

스텐실은 글자나 무늬, 그림 따위의 모양을 오려낸 후, 그 구멍에 물감을 넣어 그림을 찍어내는 기법을 말한다. 에어브러시와 스텐실을 활용하면 손쉽게 고급스러운 표현이 가능하다.
가장 큰 특징은 에어브러시 특유의 번지는 듯한 느낌의 외곽선을 잡아내며, 빠르게 그림을 완성할 수 있는 것이다. 스텐실은 기성품을 활용해도 좋고, 자신이 원하는 모양을 종이에 오려 사용할 수도 있다.
또 원하는 그림을 인쇄하여 오려내어 만들 수도 있다. 에어브러시로 스텐실을 오래 사용하기 위해서는 약간 굵은 비닐 소재의 지류로 스텐실을 만드는 것이 좋다. 에어브러시로 인해 젖어서 스텐실이 우는 것을 방지하기 위함이다.

❶ 원하는 디자인을 핀이나 테이프 등으로 고정시킨다. 그렇지 않으면 에어브러시 공기압에 의해 종이가 뜨게 되며, 그 부분으로 도료가 들어가 스텐실 특유의 날카로운 외곽선을 해칠 우려가 있다.

❷ 농도가 옅고 약한 공기압으로 천천히 여러 번 뿌리면서 붉은색으로 외곽선을 표현하고 안쪽은 노란색부터 시작하여 붉은 꽃잎과 만나는 부분에 그라데이션을 준다.

❸ 완성
날카로운 외곽선과 안쪽에 들어간 다양한 그라데이션이 특징이다.

제품 응용 – 인물표현

사진을 이용한 인물표현

디자인은 단순히 심미적인 조형물로서 미적 욕구를 충족시키려는 행위가 아니라, 소비자들의 취향이나 라이프스타일 시장의 트렌드를 반영해 서비스를 전달하는 일련의 커뮤니케이션 활동의 수단이라고 정의할 수 있다.
독특한 디자인으로 생일, 웨딩, 기념일 등의 기억하고 싶은 날, 차별화된 케이크를 위해서 고객이 가져온 사진이나 그림으로 케이크 위에 에어브러시로 장식할 수 있으면 고객들의 니즈를 잘 반영할 수 있다.

밑그림을 준비

먼저 그려낼 사진에서 자신이 표현할 단계를 설정하여 그만큼의 스텐실을 만든다.
사진속 인물작업 같은 경우에는 3단계 정도의 명암 표현을 하였고 너무 복잡하거나 디테일한 것은 피하는 것이 좋다. 마스크의 수가 많을수록 작업은 쉬워진다.

❶ 얼굴 안쪽의 살색을 입히기 위해 사진상의 살색으로 표현된 부분을 전부 오려낸 스텐실을 만들어 종이 위에 핀으로 고정시킨다. 종이를 고정시키지 않으면 종이가 떠서 깨끗한 윤곽선이 만들어지지 않는다.

❷ 사진보다 옅고 밝은 색의 살색을 뿌려준다. 에어브러시에 사용되는 도료에 따라 다르지만, 식용물감 도색은 점점 어둡게 올라가는 특징이 있고, 아크릴처럼 밑색이 덮히지 않기 때문에 옅게 올라가는 것이 중요하다.

❸ 머리카락과 입술부분을 오려낸다. 도포된 그림 간의 단차를 맞추기 위해 핀을 사용한다.

❹ 안경과 눈동자 등 검은 색을 표현하기 위해 오려낸다.

❺ 정장을 표현할 스텐실. 오려진 부분에 에어브러시로 분사한다.

❻ 명암 표현을 위한 스텐실. 각 부분에 어두운 부분을 오린다.

❼ 명암 스텐실을 걷어낸 후 몇 가지 보정을 거쳐 완성된 모습. 명암 스텐실 작업 후, 에어브러시로 그라데이션을 넣어 명암 간의 단차를 줄이고 입술과 안경, 눈 등의 하이라이트 부분, 눈썹과 머리카락을 붓으로 표현하여 완성한다.

에어브러시 응용

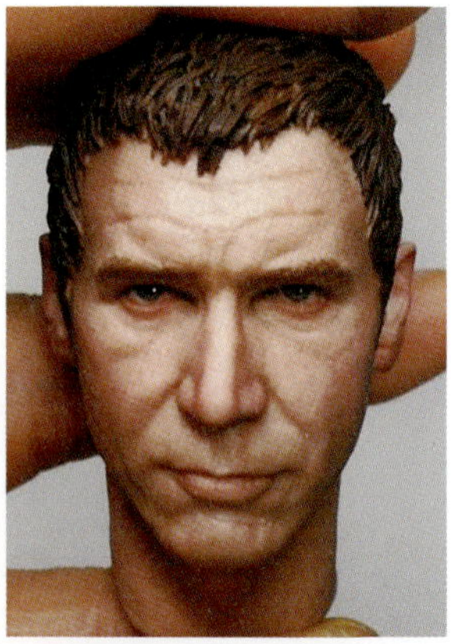

피규어 도색

에어브러시는 분사면적이 작아서 세밀도색이 가능하며 눈동자, 코, 입술 등 표정을 살릴 수 있는 부분과 질감 등을 잘 표현하여 인물의 성격을 나타낼 수 있다.

- **제품 분사**

케이크, 슈가꽃, 마지팬, 설탕 공예, 빵 공예 등 마지막 단계에 에어브러시를 분사하여 입체적으로 표현한다.

chapter 05

설탕 공예

Sugar Craft

C A K E
DECORATION
B I B L E

설탕 공예 기본 방법

쉬크르 띠레(당기기 기법)

사용 꽃, 잎사귀, 수술 등 가벼운 장식

배합

설탕	1,000
물	350
물엿	150
구연산액	8~10방울(구연산 1+ 물 1 섞은 것)
온도	168℃

방법

❶ 동냄비나 스테인리스 냄비에 물을 넣는다.
❷ 설탕을 넣고 중불에서 끓인다.
❸ 120℃가 되면 물엿을 넣고 중불로 끓인 후 125℃가 되면 고온으로 끓인다.
❹ 160℃가 되면 구연산 8~10방울을 넣고 168℃까지 끓인다.
❺ 168℃까지 끓인 시럽에 여러 색을 착색하여 실팻에 부어 식히고 가장자리 부분이 식으면 안으로 감아 넣어 결정이 생기지 않게 하여 뭉쳐 접기를 반복하며 덩어리의 흐름이 어느 정도 멈출 때 잡아당기기를 30~40회 반복하여 최상의 반죽을 만든다.

쉬크르 꿀레(붓기 기법)

사용 작품의 좌대 및 기둥부분, 골조에 해당됨

배합

설탕	1,000
물	350
물엿	300
온도	160℃

방법

❶ 동냄비나 스테인리스 냄비에 물을 넣는다.
❷ 설탕을 넣고 중불에서 끓인다.
❸ 120℃가 되면 물엿을 넣고 중불로 끓인 후 125℃가 되면 고온으로 끓인다.
❹ 160℃가 되면 끓이는 것을 중지한다.
❺ 필요한 색을 착색하여 미리 준비한 몰드에 부어 골조를 만든다.

쉬크르 수플레(불기 기법)

사용 백조, 돌고래 등 동물캐릭터, 기본 구

배합

설탕	1,000

물	350
물엿	200
구연산액	8~10(구연산 1+ 물 1 섞은 것)
온도	165℃

방법

❶ 동냄비나 스테인리스 냄비에 물을 넣는다.
❷ 설탕을 넣고 중불에서 끓인다.
❸ 120℃가 되면 물엿을 넣고 중불로 끓인 후 125℃가 되면 고온으로 끓인다.
❹ 160℃가 되면 구연산 8~10방울을 넣고 165℃까지 끓인다.
❺ 165℃까지 끓인 시럽에 여러 색을 착색하여 실팻에 부어 식히고 가장자리 부분이 식으면 안으로 감아 넣어 결정이 생기지 않게 하여 뭉쳐 접기를 반복하며 덩어리의 흐름이 어느 정도 멈출 때 잡아당기기를 30~40회 반복하여 최상의 반죽을 만든다.

리본

배합

설탕	1,000
물	350
물엿	150
구연산액	12~14방울(구연산 1+ 물 1 섞은 것)
온도	168~170℃

방법

❶ 동냄비나 스테인리스 냄비에 물을 넣는다.
❷ 설탕을 넣고 중불에서 끓인다.
❸ 120℃가 되면 물엿을 넣고 중불로 끓인 후 125℃가 되면 고온으로 끓인다.
❹ 160℃가 되면 구연산 12~14방울을 넣고 168~170℃까지 끓인다.
❺ 168~170℃까지 끓인 시럽에 여러 색을 착색하여 실팻에 부어 식히고 가장자리 부분이 식으면 안으로 감아 넣어 결정이 생기지 않게 하여 뭉쳐 접기를 반복하며 덩어리의 흐름이 어느 정도 멈출 때 잡아당기기를 30~40회 반복하여 최상의 반죽을 만든다.

파스티야주

배합

젤라틴	10
슈가파우더	725
식초(레몬즙)	10
물	25

방법

❶ 젤라틴을 찬물에 담그고 물기를 짜서 식초, 물과 함께 전자레인지에 녹인다.
❷ 슈가파우더와 섞어서 믹싱한다.
❸ 촉촉한 반죽이 되면 비닐로 덮어 보관하고 원하는 모양을 만든다.

프랑스식 설탕 공예 이론 및 레시피

재료

물	300
설탕	1,000
물엿	300
주석산	4방울(단위 기입)

공정

❶ 물을 계량한 후에 항상 설탕을 계량한다(실수로 설탕을 먼저 계량했을 경우 섞어준다).

❷ 물과 설탕을 끓인 후 설탕이 녹으면 물엿을 넣는다. 다른 책에는 120℃에 물엿을 넣으라고 되어 있지만 설탕만 녹으면 넣어도 상관없다. 물엿을 처음부터 같이 넣고 끓이는 경우도 있는데 크게 문제될 건 없지만 결정이 생길 확률이 높다.

❸ 160℃까지 끓인 후 주석산 4방울을 넣는다. 쉬크르 꿀레(sucre coule) 기법에는 주석산을 1방울만 넣는다.

❹ 최종온도는 155℃까지 끓이기도 하지만 확실히 더 끓였기(온도가 낮기) 때문에 반죽이 좋지는 않다. 보통은 165℃까지 끓이는게 표준이다. 170℃까지 끓이기도 하는데 캐러멜화가 되면 조금 어두우면서 광이 훨씬 더 고급스러운 색을 내기 때문이다. 작업도 조금 더 편해지지만 너무 캐러멜화를 많이 하면 식어도 휘어버릴 수가 있다.

사티나주

설탕반죽을 일정하게 당겨서 공기를 투입시켜 주는 것으로 사티나주를 하여 빛을 반사시켜서 광을 내는 반죽을 만들어야 한다. 사티나주를 너무 적게 할 경우 빛을 반사시키지 못하고 통과시켜 광을 내지 못한다. 또한 너무 많이 할 경우에는 공기가 너무 많이 들어가 있기 때문에 빛을 통과시켜 뿌옇게 안개 낀 것처럼 광이 난다.

얇은 꽃잎을 할 땐 80% 정도 사티나주를 해주고 두꺼운 꽃잎을 할 때는 70% 정도 사티나주를 해주는게 광이 더 좋다.

기본 기법 용어

- **sucre tire(쉬크르 띠레)** : 손으로 늘리거나 당겨서 하는 기법, 예로 꽃 등이 있다.
- **sucre coule(쉬크르 꿀레)** : 시럽 상태의 설탕을 틀 등에 붓는 것으로, 예로 기둥 등이 있다.
- **sucre souffle(쉬크르 수플레)** : 펌프 등으로 공기를 넣어 부풀리는 기법이다.

이소말트

인공감미제의 하나로 설탕 대체품, 감미료, 증량제, 고결방지제 등의 다양한 용도로 사용한다. 설탕보다 열량이 낮고, 자일리톨이나 솔비톨보다 설사를 유발하는 경우가 적어 과자, 껌, 청량음료

등에 설탕 대체품으로 사용한다. 특히 포도당과 비교하여 혈당 수준에 변화가 없기 때문에 당뇨병 환자의 설탕 대체품으로 적당하다. 다만, 하루에 20~30g 섭취하는 사람에게 설사를 유발시킨다는 연구보고가 있다. 열과 습기에 강하고, 185~190℃까지 끓여 사용한다.

파스티야주

재료

분당	1kg
젤라틴	8장
물	80g
레몬주스	20g

공정

1. 물, 레몬주스에 젤라틴을 넣고 불린 다음 그 상태로 녹인다.
2. 분당에 넣고 믹싱한다.
3. 원하는 것을 만들어 오븐 위와 같이 건조한 곳에서 말린다.

장미 만들기

1. 붉은 띠레 반죽을 이용하여 만든다.
2. 꽃심을 타원형으로 만든 다음 1, 3, 3, 5, 6으로 꽃잎을 붙인다.
3. 꽃을 작게 할 경우 6을 한 번 줄여서 만든다.

장미잎 만들기

녹색 띠레 반죽을 잎사귀 몰드를 이용하여 만든다.

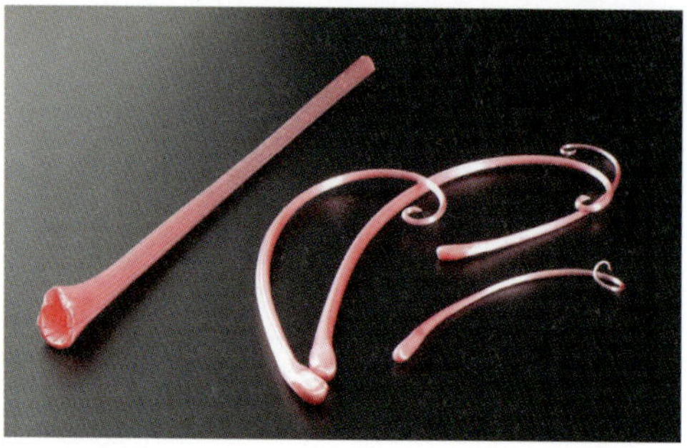

수술 만들기

장미 반죽을 이용하여 실처럼 뽑아 잘라서 갈고리 모양의 수술을 만든다.

리본 만들기

1. 리본반죽 – 어두운 청색, 노랑색, 파랑색
2. 조합
3. 막대반죽을 어두운 청색 쪽이 안쪽으로 가게 하여 3번을 반복하여 접고 늘려서 리본을 완성한다.

볼 만들기

1. 수플레 반죽을 20g 정도 떼어 앙금빵처럼 가운데를 움푹하게 하여 반죽끝과 펌프끝에 불을 달군 다음 반죽을 살짝 끼워 결합시켜 볼을 분다.
2. 선풍기를 이용하면 균형도 잡히고 광도 난다.

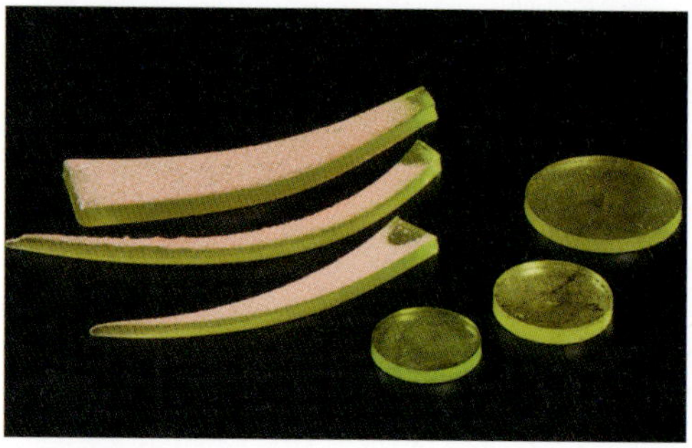

골조 만들기

1. 연녹색으로 착색한 쉬크르 꿀레를 이용하여 미리 준비한 몰드에 시럽을 흘려 붓는다.
2. 식으면 알코올을 뿌리고 모래색을 착색한 설탕을 코팅하여 질감을 부여한다.

작품

바다(Sea)

❶ 녹인 이소말트를 몰드를 이용하여 물고기와 해마 모양을 만든다.
❷ 쉬크르 수플레 기법을 이용하여 고래를 만든다.
❸ 조금 녹인 이소말트를 뭉쳐 장식물을 만든다.
❹ 공 모양의 몰드에 블랙홀 기법을 활용하여 공을 만든다.
❺ 쉬크르 띠레 기법을 이용하여 꽃과 리본을 만든다.
❻ 여러 가지 공예를 조화롭게 조립한다.

장미(Rose)

❶ 쉬크르 띠레 기법을 활용하여 장미꽃을 만든다.
❷ 준비된 몰드에 투명 이소말트와 보라색을 부어 준비한다.
❸ 준비된 수정 몰드와 비닐 몰드에 보라색을 부어 수정을 만든다.
❹ 쉬크르 띠레 기법을 활용하여 리본을 만든다.
❺ 준비된 호수에 보라색을 부어준다.
❻ 조화롭게 장식하여 완성한다.

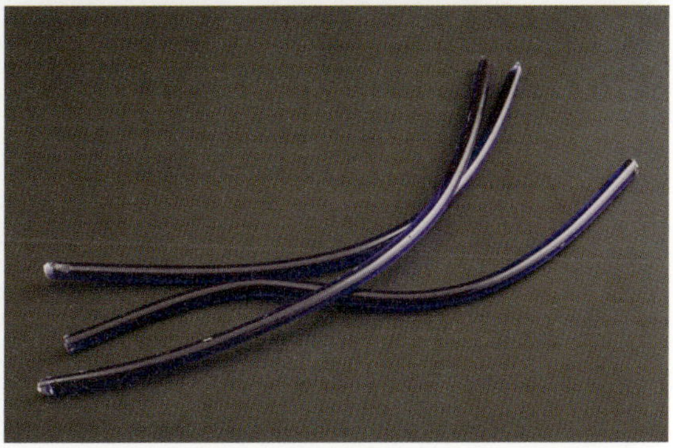

다람쥐(Squirrel)

❶ 쉬크르 띠레 기법을 이용하여 리본을 만든다.
❷ 쉬크르 띠레 기법을 이용하여 꽃과 나뭇잎을 만든다.
❸ 쉬크르 수플레 기법을 이용하여 다람쥐를 만든다.
❹ 주황색 반죽으로 달팽이 모양을 만들어 칼집을 낸다.
❺ 동색 반죽과 갈색 반죽으로 도토리를 만든다.
❻ 조화롭게 조립한다.

벌(Bee)

❶ 쉬크르 띠레 기법을 이용하여 장미꽃을 만든다.
❷ 준비된 공에 만들어 놓은 장미꽃을 붙인다.
❸ 쉬크르 수플레 기법을 활용하여 벌을 만든다.
❹ 조화롭게 조립한다.

킹콩(Kingkong)

❶ 쉬크르 수플레 기법을 이용하여 킹콩을 만든다.
❷ 쉬크르 수플레 기법을 이용하여 대나무를 만든다.
❸ 쉬크르 띠레 기법을 이용하여 꽃을 만든다.
❹ 조화롭게 조립한다.

카우보이(Cowboy)

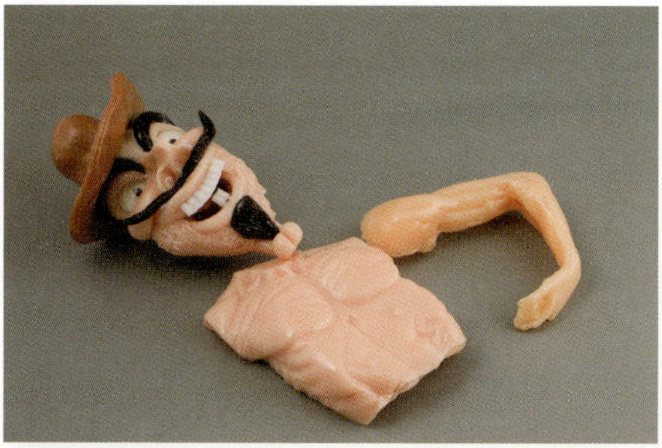

❶ 수플레 기법과 몰드를 사용하여 얼굴과 몸을 만든다.
❷ 쉬크르 꿀레 기법을 이용하여 나뭇잎을 만든다.
❸ 쉬크르 띠레 기법을 이용하여 꽃과 리본을 만든다.
❹ 수정과 기둥을 몰드를 이용하여 만든다.
❺ 조화롭게 조립한다.

chapter 06

빵 공예

Bread Craft

CAKE
DECORATION
BIBLE

빵 공예의 기초

빵 공예에 사용되는 기본재료

빵 공예에 사용되는 재료로는 기본적으로 밀가루, 호밀가루를 사용하며 다양한 표현이나 색상과 기능적인 특성을 고려해서 감자가루, 녹차가루, 설탕, 물엿, 가는 소금, 젤라틴, 코코아 등 빵에 사용되는 모든 재료를 사용한다고 할 수 있다. 특히 호밀가루를 많이 사용하게 되는데 호밀가루는 탄성이 강한 글루테닌이 거의 없어 탄성이 적고, 점성이 강한 글리아딘이라는 단백질을 많이 함유하여 공예를 만들 때 변형이 많이 생기지 않고, 강한 점성으로 원하는 모양을 만들기 쉬우며, 빵 공예 고유의 진한 갈색을 만들기가 쉽다.

빵 공예 반죽 만들기

- **설탕 시럽** : 설탕 100, 물 100, 물엿 30, 소금 10

① 전 재료를 불에 올려 끓으면 바로 내려 식혀서 사용한다.

② 무 발효 반죽으로 공예를 만들 때 주로 사용되며, 이는 반죽에 많은 양의 설탕을 넣었을 때 녹지 않는 것을 보완하며, 글루텐 형성을 억제하고 점성을 주어 마지팬 반죽처럼 모양 만들기를 용이하게 해 준다.

- **호밀 반죽** : 중력분 100, 호밀가루 100, 설탕시럽 120~125

① 전 재료를 믹싱 볼에 넣고 중저속으로 믹싱하여 완전히 섞이면 바로 사용해도 되지만 100% 수화가 되도록 비닐로 싸서 30분 정도 휴지를 한 후 다시 믹싱하거나 치대서 매끄러운 반죽을 만들어 사용한다(충분히 믹싱하여 반죽을 매끄럽게 만들어 사용함).

② 호밀 반죽은 오븐에 구워 식혔을 때 견고하기 때문에 주로 구조물로 사용되는 모든 곳에 사용하며 빵 공예에 있어 가장 많이 사용되는 반죽이라 할 수 있다. 남은 반죽은 비닐로 싸서 보관하고 재사용 시에서는 시럽을 넣고 치대서 되기를 조절하여 사용한다.

- **공예용 반죽** : 호밀가루 100, 중력분 100, 전분 50~100, 설탕 시럽 195~200

① 만드는 방법은 호밀 반죽과 동일하며 소형 장식물이나 꽃 등 조금 섬세함이 요구되는 작품을 만들 때 주로 사용한다. 건조하였을 때 호밀 반죽보다는 부러지기 쉽고 반죽이 커서 무거우면 오븐에서 구울 때 약간 퍼짐현상이 일어날 수 있기 때문에 주로 작은 크기의 소품 공예에 사용한다.

- **과일 공예 반죽** : 중력분 100, 박력분 100, 전분 100, 설탕 시럽 190~195

① 전 재료를 믹싱하여 완전히 섞이면 사용하며 주로 색을 연출할 때 사용한다.

② 색이 있는 반죽을 만들 때는 너무 많이 치대지 않도록 하고 약간 질게 반죽한다. 색을 섞은 후 되기를 조절하여 사용하며 용도에 따라서 과일 공예 반죽 1 : 소금 반죽 1 : 호밀 반죽 1을 섞어서 사용하면 더욱 좋다.

소금 반죽

① 흰 소금 반죽 : 호밀가루 100, 중력분 100, 가는 소금 200, 찬물 100~120

② 코코아 소금 반죽 : 호밀가루 100, 중력분 100, 가는 소금 200, 코코아 20, 찬물 140~160
과일 반죽에 같은 비율로 사용하면 색은 부드럽게 하고 반죽을 단단하게 해준다. 소금 반죽은 만든 형태를 그대로 잘 유지시켜 주며 오븐에서 살짝만 구워도 사용할 수 있기에 상자나 조약돌 등과 특히 작은 돌(돌담이나 자갈 등)이나 몰드로 사용하여 모양을 만들 때 많이 사용된다.

발효 반죽

① 강력분 650, 호밀가루 500, 쇼트닝 120, 소금 25, 생이스트 10, 물 470
전 재료를 넣고 발전 단계에서 믹싱을 완료. 30분 정도 발효하여 사용하며 바구니 등을 만들 때 사용한다.

② 강력분 1,000, 호밀가루 300, 코코아 60, 설탕 50, 소금 30, 생이스트 30, 쇼트닝 120, 물 600~650
전 재료를 넣고 발전 단계(80% 글루텐)까지 믹싱하여 상온에서 발효한 후 성형하고 2차 발효하고 굽는다. 이 반죽은 공예의 밑바닥이나 볼륨이 필요한 곳, 자연스러운 연출이 필요한 곳에 사용한다.

접착용 젤라틴 반죽

① 녹인 젤라틴 120(젤라틴 20, 찬물 100), 소금 5, 가루(호밀가루 1:중력분 1) 적당량
젤라틴을 충분히 불린 후 중탕으로 소금과 녹여 가루를 넣고 되기를 조절하여 반죽한다. 주로 구워 식힌 후 조립할 때 사용하며, 접착하여 구울 때는 녹인 젤라틴 양의 1/2 정도의 뜨거운 물을 더 넣고 반죽하여 사용한다.

글씨 반죽

① 코코아 반죽 : 흰자 50, 분당 100, 코코아 파우더 적당량

② 커피 반죽 : 커피, 토마토 케첩, 박력분 적당량
각 반죽을 사용하기 편리한 되기와 색으로 조절하여 반죽해서 사용한다. 주로 초가집의 문이나, 반죽 표면에 무늬나 글씨를 새겨 넣을 때 사용한다.

빵 공예 배합률

빵 공예 시럽

- 물 1kg
- 설탕 1kg
- 물엿 300g
- 소금 50g

호밀 반죽

- 호밀가루 1kg
- 박력분 1kg
- 시럽 1,400g

코코아 반죽

- 박력 50g
- 코코아 20g
- 호밀 40g
- 시럽 100g

흰 반죽

- 전분 120g
- 박력 200g
- 중력 200g
- 시럽 300g

강황 반죽

- 호밀 330g
- 강황 8g
- 시럽 280g

칠리 반죽

- 호밀 300g
- 칠리 34g
- 시럽 300g

녹차 반죽

- 호밀 480g
- 녹차 40g
- 시럽 340g

완성 반죽

작품

인디언(Indian)

❶ 칠리 반죽, 강황 반죽, 호밀 반죽, 녹차 반죽 등을 준비한다.
❷ 칠리 반죽을 얇게 밀어 꽃잎 모양으로 잘라 바게트 틀에 구워준다.
❸ 꽃을 조립하고 방패, 창, 얼굴 등을 준비된 몰드 및 틀에 구워준다.
❹ 준비된 여러 가지 장식물을 조화롭게 조립한다.
❺ 커피 색소를 분사하여 색감을 더한다.

Tip 커피 색소 : 커피분말 100g, 럼 100g
(중탕하여 커피분말을 녹여준다)

전사(Warrior)

❶ 칠리 반죽, 호밀 반죽 등을 준비한다.

❷ 흰 반죽을 얇게 밀어 꽃잎 모양으로 잘라 바게트 틀에 구워준다.

❸ 꽃을 조립하고 방패, 화살, 투구 등을 준비된 몰드 및 틀에 구워준다.

❹ 준비된 여러 가지 장식물을 조화롭게 조립한다.

❺ 커피 색소를 분사하여 색감을 더한다.

피터팬(Peterpan)

❶ 강황 반죽, 호밀 반죽, 녹차 반죽 등을 준비한다.
❷ 흰 반죽을 얇게 밀어 꽃잎 모양으로 잘라 바게트 틀에 구워준다.
❸ 꽃을 조립하고 악어, 손, 얼굴 등을 준비된 몰드 및 틀에 구워준다.
❹ 준비된 여러 가지 장식물을 조화롭게 조립한다.
❺ 커피 색소를 분사해 준다.

chapter 07

초콜릿

Chocolate

CAKE DECORATION BIBLE

카카오에서 초콜릿이 되기까지

카카오의 전파

① 1519년 스페인 귀족 에르난 코르테스가 멕시코의 아즈텍 왕국을 점령하면서 원주민들이 마시는 카카오 음료를 발견하고 그것을 스페인 귀족들에게 전하게 된다.

② 이후 카카오는 상업적으로 판매되기 시작하면서 유럽으로(네덜란드, 이탈리아, 독일, 영국) 전해지고, 또한 쓴맛을 줄이기 위해 꿀을 타서 마시게 된다.

③ 17세기 경에는 프랑스로 전해져 루이 14세 때에는 대유행을 하게 된다.

④ 19세기 경에는 스위스에서 현재의 고형 초콜릿이 만들어지면서 오늘날의 초콜릿으로 이어지게 된다.

카카오란?

- **카카오 나무**

① 오동나무과의 고목으로 학명은 Amygdala Pecuniaria이다.

② 원산지 : 멕시코, 베네수엘라로 알려져 있다.

③ 재배지역 : 적도지방을 중심으로 북반구나 남반구의 20도 내에서만 자랄 수 있다(베네수엘라, 멕시코, 나이지리아, 콜롬비아, 코스타리카, 에콰도르 등).

④ 기후 : 강수량이 많고 기온이 높은 지역(고온다습)

⑤ 나무수명 : 야생 – 80년, 농장재배 – 30년 정도

⑥ 나무 크기 : 3년 뒤(3~5m), 10년 뒤(8m)

⑦ 껍질 : 갈색으로 오래될수록 껍질이 두꺼워진다.

- **카카오 나무의 꽃**

① 카카오 나무의 꽃은 여러 송이가 모여서 되며, 가지가 아닌 중앙의 줄기나 큰 가지 근처에서 피어난다.

② 색 : 진한 자주에서 아이보리색까지 다양하다.

③ 꽃피는 시기 : 3~4년이 되면 피기 시작한다.

④ 수정 : 여러 송이의 꽃에서 1개가 수정되면 나머지 꽃들은 떨어지고 만다.

⑤ 열매 : 꽃이 수정된 곳에서는 카카오 열매 1개가 열린다.

- **카카오 열매**

① 모양 : 럭비공 모양의 열매로 딱딱한 껍질로 되어있으며, 10개 가량의 홈이 패여 있다.

② 크기 : 길이 10~30cm, 직경 5~15cm

③ 무게 : 300~500g

④ 속 : 흰 섬유질 주머니의 달고 신맛이 나는 액체가 담겨 있고, 그 속에는 30~60개 가량의 카카오 빈이 들어있다.

⑤ 종류 : 크리올로(Criollo)종 – 10%, 포레스테로 아마조니아(Forastero amazonien)종 – 70%, 트리니타리오(Trinitario)종 – 20%

- **카카오 빈(카카오 열매의 씨)**

① 종류 : 카카오 열매마다 다르다.

② 색상 : 연한 갈색부터 붉은 벽돌색까지 다양하다.
③ 모양 : 아몬드와 비슷하여 약간 납작한 편이다.
④ 크기 : 길이(20~25cm), 너비(12~16mm)
⑤ 구성 : 외피(Shell) : 9~13%, 배아(Germ) : 0.6~1.0%, 배유(Nibs) : 85~90%
배유(Nibs)의 성분 : 지방(카카오 버터) 55%, 단백질 10%, 탄수화물 및 섬유질 18%, 수분 5%, 산류 2.3%, 회분 2.5%, 테오브로민 1.5%, 기타(카페인, 알부미노이드, 알칼로이드 등)

초콜릿의 제조 과정

- **생산 공정**

(수확 – 1차 가공 전까지) 카카오 나무 – 카카오 열매 수확 – 카카오 분리 – 발효 – 건조 – 포장 및 출하

- **1차 가공**

(카카오 빈 가공 – 카카오매스까지) 카카오 빈 – 선별 – 로스팅 – 파쇄 및 외피 분리 – 혼합 – 마쇄 – 카카오매스

- **2차 가공**

(카카오매스에서 – 완제품까지) 다른 원료 혼합(설탕, 분유, 카카오버터, 향, 레시틴) – 분쇄(미쇄화) – 정련(Conching) – 반죽, 숙성 – 템퍼링 – 성형(틀에 팬닝) – 셰이킹(기포제거) – 냉각 – 포장 – 저장(18℃)

초콜릿의 종류

- **커버추어 초콜릿**(쿠베르튀르 : couverture의 영어식 발음)

카카오버터를 별도로 첨가하여 유동성이 좋은 초콜릿을 말한다.
다크초콜릿, 밀크초콜릿, 화이트초콜릿으로 나뉜다.
쿠베르튀르는 원래 책 따위의 커버, 덮개, 담요 등을 나타내는 말로 결국 무언가를 싸거나 보호하는 의미이다. 봉봉 쇼콜라의 알맹이인 가나슈 등의 부드러운 것을 감싸 보호하기 위한 초콜릿이다. 가나슈 표면을 얇게 코팅하여 윤기 있게 마무리할 수 있다.

1. **다크 초콜릿(쇼콜라 누아 : chocolat noir)** : 카카오매스, 카카오버터, 당분으로 구성되어 있으며, 카카오 풍미가 강하나 당분이 적게 함유되어 있다.

2. **밀크 초콜릿(쇼콜라 오 레 : chocolat au lait)** : 카카오매스, 카카오버터, 당분, 유성분(분유)으로 구성되어 있으며, 우유 맛이 강한 초콜릿이다.

3. **화이트 초콜릿(쇼콜라 블랑 : chocolat blanc)** : 카카오버터, 당분, 유성분(분유)으로 구성되어 있으며, 유크림(백색)의 초콜릿으로 착색하여 다양한 색상과 맛을 낼 수 있는 초콜릿이다.

① 커버추어 초콜릿에는 천연바닐라, 천연 유화제(레시틴)가 함유되어 있는데 1% 미만으로 들어 있다.
② **카카오매스(파트 드 카카오 : pate de cacao)** : 카카오 닙(카카오 원두)을 으깨어 페이스트 상태로 만든 것으로 당분을 포함하지 않는 100% 천연 카카오 가공이다. 초콜릿의 향을 진하게 하고 싶을 때나 깊이 있는 맛을 내고 싶을 때 사용한다.

③ **카카오버터(뵈르 드 카카오 : beurre de cacao)** : 카카오매스에서 추출한 카카오의 유지분으로 녹이면 맑은 버터와 같은 상태가 된다. 다른 버터와는 달리 72시간이 되면 스스로 굳는 특별한 성질을 가지고 있고, 융점은 34℃ 정도이다.

④ **카카오 파우더(푸드르 드 카카오 : poudre de cacao)** : 카카오매스에서 카카오버터를 제거하고 남은 카카오의 고형분을 가루로 만든 것이다.

⑤ **준 초콜릿, 가공초콜릿** : 100% 카카오버터를 사용한 것이 아닌 대용유지가 들어가 있다.

초콜릿의 일반적인 배합 예

구분	다크 커버추어(%)	밀크 커버추어(%)	화이트 커버추어(%)
카카오 매스	41	12–22	*
카카오버터	25	22	30
설탕	34	36	50
전지분유	*	20	20
바닐라, 레시틴	전체 기준 : 1–2	전체 기준 : 1–2	전체 기준 : 1–2

초콜릿의 사용

템퍼링(Tempering)

- **템퍼링이란?**

커버추어 초콜릿은 코팅하거나 몰드에 부어 굳히거나 하는 경우에 템퍼링 작업을 하지 않으면 초콜릿 표면의 광택이 없고 입안에서 녹는 느낌이 좋지 않다. 초콜릿에 함유된 카카오버터의 다른 성질을 가진 분자들을 결정화시켜 안정성이 좋은 상태로 만드는 작업을 템퍼링이라고 한다.

– 초콜릿에 함유된 카카오버터는 각기 다른 5가지 형태의 분자 구조로 구성되어 있다.
(감마 : 17℃–용해됨, 알파 : 23℃, 베타 세컨 : 27℃, 베타프라임 : 34℃, 베타 : 37℃)

– 성질이 다른 제각각의 분자를 결정화시켜 안정성이 좋은 상태로 만들기 위한 작업을 Tempering(온도조절)이라 한다.

- **템퍼링 온도**(생산하는 회사와 브랜드마다 차이가 있다)

종류	용해온도(℃)	냉각온도(℃)	사용온도(℃)
다크 커버추어	45~50	27~28	31~32
밀크 커버추어	40~50	25~27	29~30
화이트 커버추어	38~40	24~26	28~29

- **템퍼링 방법**

① 준비단계 : 전자레인지, 중탕

- 초콜릿 작게 자르기
- 용기에 넣기(50~60%) : 처음에 소량 녹인 후 나머지 넣고 녹이면 쉽다.

② 제1단계 : 용해(종류별로 다르다 : 38~50℃)
- 주의 : 공기 혼입 방지, 물(수분) 혼입 방지, 타거나 익는 것 방지

③ 제2단계 : 냉각(종류별로 다르다 : 24~28℃)
- 수냉법 : 15℃ 정도의 찬물에 냉각하는 방법으로 도구, 장소의 제약을 덜 받는 방법
- 대리석법 : 20℃ 정도의 대리석에 녹인 초콜릿의 2/3 정도를 붓고 온도를 떨어뜨리는 방법
- 접종법 : 초콜릿을 완전히 용해한 후(38~50℃) 온도를 36℃로 떨어뜨린 후 템퍼링된 초콜릿 조각을 넣고 온도를 28~32℃까지 맞추어 사용하는 방법

④ 제3단계 : 재가온(사용 온도)
냉각된(24~28℃) 초콜릿을 온도를 높여(28~32℃) 사용하기 좋게 만든다.

초콜릿의 작업 및 보관

① 작업실 : 온도-18~20℃, 습도-적은 곳이 좋다.
② 보관 : 온도-15~20℃, 장소-서늘한 곳

초콜릿 이론

초콜릿의 역사

신이 먹는 음식으로 알려진 카카오는 그리스어로 신들의 음식 카카오라는 의미를 가지고 있다. 카카오는 기원전 2,000년 정도의 역사를 가지고 있다. 즉, 4,000년이란 긴 세월을 가지고 있는 것이다. 처음엔 왕과 일부 상류계급들만 마실 수 있는 음료였다. 프랑스에 도입된 것은 1732년 경이고, 처음으로 1일 6kg 정도 생산했다는 기록이 남아있다. 프랑스에 도입되어 고형의 초콜릿이 만들어졌고, 1820년대에 공장에서 만들기 시작하면서 대중화가 되었다. 1828년에 카카오 파우더를 발명했고, 1870년에 밀크 초콜릿이 처음으로 만들어졌다.

초콜릿 봉봉(Chocolate Bonbon)

초콜릿 봉봉의 기초

- **뜻** : 작은 초콜릿 과자
- **표기** : 봉봉오쇼콜라(프랑스), 프랄리네(독일)
- **분류** : 몰딩 초콜릿(Molding Chocolate), 디핑 초콜릿(Dipping Chocolate), 코팅 초콜릿(Coating Chocolate)
- **센터의 종류**
  ① 가나슈 이용(충전용, 디핑용)
  ② 술에 절인 체리 이용

③ 당절임 오렌지 이용
④ 너트류 이용
⑤ 누가 이용
⑥ 마지팬 이용 등

- **가나슈(Ganache)**
  - ① **뜻** : 진흙탕, 늪지대처럼 질고 걸죽한 상태를 말함
  - ② **가나슈의 되기** : 생크림보다 초콜릿이 많을수록 되직한 가나슈가 된다.
  - ③ **방법** : ① 초콜릿을 잘게 자르거나 용해시킨다.
    - ② 생크림을 끓인다.
    - ③ 초콜릿에 붓고 생크림이 초콜릿에 스며들며 약간 녹을 때까지 그대로 둔다.
    - ④ 온도가 35~40℃ 근처일 때 핸드 블렌더(바믹서)를 이용해서 유화시킨다.
      주의 : 이때 가나슈 온도가 45℃ 이상이면 분리가 일어난다(유화 깨짐 현상).
    - ⑤ 크림상태의 버터 혼합
    - ⑥ 술 혼합
      유화 깨짐 현상 : 가나슈의 유화 온도가 45℃ 이상이 되면 분리 현상이 일어난다. 이것을 유화가 깨졌다 라고 말한다. 유화가 깨지면 유지방과 수분, 카카오버터의 계면활성이 커지면서 지방은 지방끼리, 수분은 수분끼리 서로 커드가 형성되며 그들끼리 큰 덩어리로 뭉쳐진다. 이러한 현상은 온도에 의해 가장 영향을 많이 받는다.

초콜릿 봉봉 데커레이션

① 초콜릿 봉봉의 종류와 형태에 따라 일정한 원칙이 있다.
② 과일, 견과류, 디핑포크, 몰드, 전사지, 초콜릿 색소분사 등 이용
③ 속 내용물과 관련된 소재로 장식하기
④ 선을 그어(디핑 포크로) 장식하기
⑤ 전사지를 붙여서 무늬내기
⑥ 아크릴, 금박 등 이용하기
⑦ 몰드에 초콜릿 색소를 뿌려서 다양한 색을 만들기

주의사항

- **코팅과 디핑(Coating & Dipping)**
  - ① 코팅하기 전 가나슈가 완전히 결정화되어 있어야 한다.
  - ② 밀크, 화이트 초콜릿을 베이스로 한 가나슈 : 17℃에서 48시간 이상 건조시켜야 한다.
  - ③ 다크 초콜릿을 베이스로 한 가나슈 : 17℃에서 24~36시간 건조시켜야 한다.
  - ④ 냉장고에서 급히 굳히는 경우
    - 유통기한을 단축시킴
    - 초콜릿 봉봉 내부에 곰팡이가 생긴다.
    - 코팅된 초콜릿과 가나슈 사이에 분리가 생기거나 가나슈가 빠져나오도록 한다.

- **몰딩 초콜릿 봉봉**
  - ① 작업장 온도 : 20~22℃

② 몰드 관리 : 세척 – 온수와 세제를 이용한다. 수세미를 사용하는 것은 안 된다.
건조 – 자연건조보다 40~45℃의 컨벡션 오븐에서 단시간 건조하는게 좋다.
보관 – 부드러운 천이나 솜으로 닦아서 랩으로 포장해둔다.

③ 몰딩 시 : 템퍼링한 초콜릿의 온도 유지(워머기 이용)

- **초콜릿 보관과 판매**

① 작업을 마친 초콜릿 봉봉은 15~17℃에서 1시간 이상 결정화시킨 후 용기에 담는다.
② 진열장 온도 : 14~15℃, 진열장 습도 : 50~60%

몰드 초콜릿(Moulding)

- **껍질 만들기**

① 사용할 몰드를 깨끗이 닦는다(탈지면, 소독용 알코올 이용).
② 원하는 초콜릿을 템퍼링한다.
③ 몰드에 초콜릿을 짜 넣고, 충격을 준다(기포 제거).
④ 틀을 거꾸로 하여 여분의 초콜릿을 털어낸다.

- **가나슈 채우기**(가나슈 온도 : 25℃)

① 몰드 안에 가나슈를 90% 짠다.
② 충격을 준다.

- **굳히기** : 17℃에서 24시간 이상(급할 때는 냉장고를 잠깐 이용하기도 하나 좋은 방법은 아니다)
- 윗면에 템퍼링한 초콜릿을 짠 후, 충격을 준 다음 초콜릿 헤라를 이용하여 여분의 초콜릿을 제거한다.
- 초콜릿이 완전히 굳은 후 몰드에서 빼낸다.

녹차 가나슈(Green Tea Ganache)

배합

화이트 초콜릿	210g
생크림	100g
물엿	20g
녹차분말	5g

공정

❶ 화이트 초콜릿을 녹인다(40~45℃).
❷ 냄비에 생크림, 물엿, 녹차분말을 넣고 한 번 끓인다.
❸ 고운 체에 거른다.
❹ 한 번 더 끓인 다음 녹인 초콜릿과 섞는다.
❺ 가볍게 섞은 후 가만히 둔다.
❻ 35~40℃ 되면 가볍게 섞어서 매끄럽게 유화시킨다.
❼ 25℃가 되면 몰드에 충전한다.

플라스틱 초콜릿(Plastic Chocolate)

- **시작** : 1957년 스위스 코바(Coba) 학교에서 처음 만들어졌다.
- **재료** : 초콜릿에 액상포도당이나 물엿을 혼합하여 가공성을 향상시킨 소재
- **특징** : 플라스틱과 같이 다양한 모양으로 변형이 가능하고 취급이 편리하다.
- **되기 조절** : 초콜릿에 함유된 카카오버터의 함량과 액상포도당 또는 물엿의 양에 따라 결정된다.

배합

동절기

커버추어 초콜릿	100%
액상포도당(물엿)	50%

하절기

커버추어 초콜릿	100%
액상포도당(물엿)	30~35%

공정

1. 초콜릿과 물엿의 온도를 40~45℃로 맞춘다(화이트 – 35~40℃).
2. 초콜릿에 물엿을 넣고 가볍게 혼합한다.
3. 비닐 등으로 포장한 후 실온에서 24시간 동안 휴지 및 결정화시킨다.
   급할 땐 찬 대리석에서 치대면서 템퍼링한 후 빨리 굳힌다(냉장고).
4. 매끄러운 상태가 될 때까지 치댄다.
5. 밀폐용기에 담아 보관한다.
6. 사용 시 치대서 여러 가지 모양(꽃 등)을 만든다.

초콜릿 색소 이용

- **초콜릿 색소** : 유성색소(식품으로 허가를 받은 것)

배합

카카오버터	100%
초콜릿 색소	8~10%

공정

1. 카카오버터를 녹인다(40~45℃).
2. 분말색소를 넣는다.
3. 핸드 블렌더를 이용해서 유화시킨다.
4. 사용 : 취미로 초콜릿에 섞어서 사용
   일반 분사용(30~35℃) 피스톨레한다.

분사용(피스톨레용) 초콜릿

- **의미** : 커버추어 초콜릿에 카카오버터를 첨가해 묽은 상태로 가공한 초콜릿
- **용도** : 공예작업 외형 질감 및 마무리에 필수적이다.
  케이크의 외형 코팅제
  데커레이션의 소재
- **배합률** : 컴프레서의 출력에 따라 1마력 이하 시 카카오버터 함량(40~45℃)

배합

커버추어 초콜릿	100%
카카오버터	30~50%

공정

1. 초콜릿과 카카오버터를 45~50℃로 녹인다.
2. 핸드 블렌더(바믹서)를 이용하여 유화시킨다.
3. 고운 체로 거른 후 28℃로 낮춘다.
4. 다시 32~35℃까지 온도를 높여서 사용한다.
   주의 : 템퍼링 과정을 거치지 않고 고온으로 분사할 경우에 블룸현상이 발생하고 광택이 없어질 수 있다.

초콜릿 템퍼링 방법(대리석법)

방법

1. 카카오버터의 각기 다른 분자를 높은 온도로 올려준다.
2. 초콜릿의 온도를 26~27℃ 내려 제 각각의 분자를 결합한 안정한 상태로 만든다.
3. 다시 작업하기 쉬운 상태로 온도를 올려 사용한다.

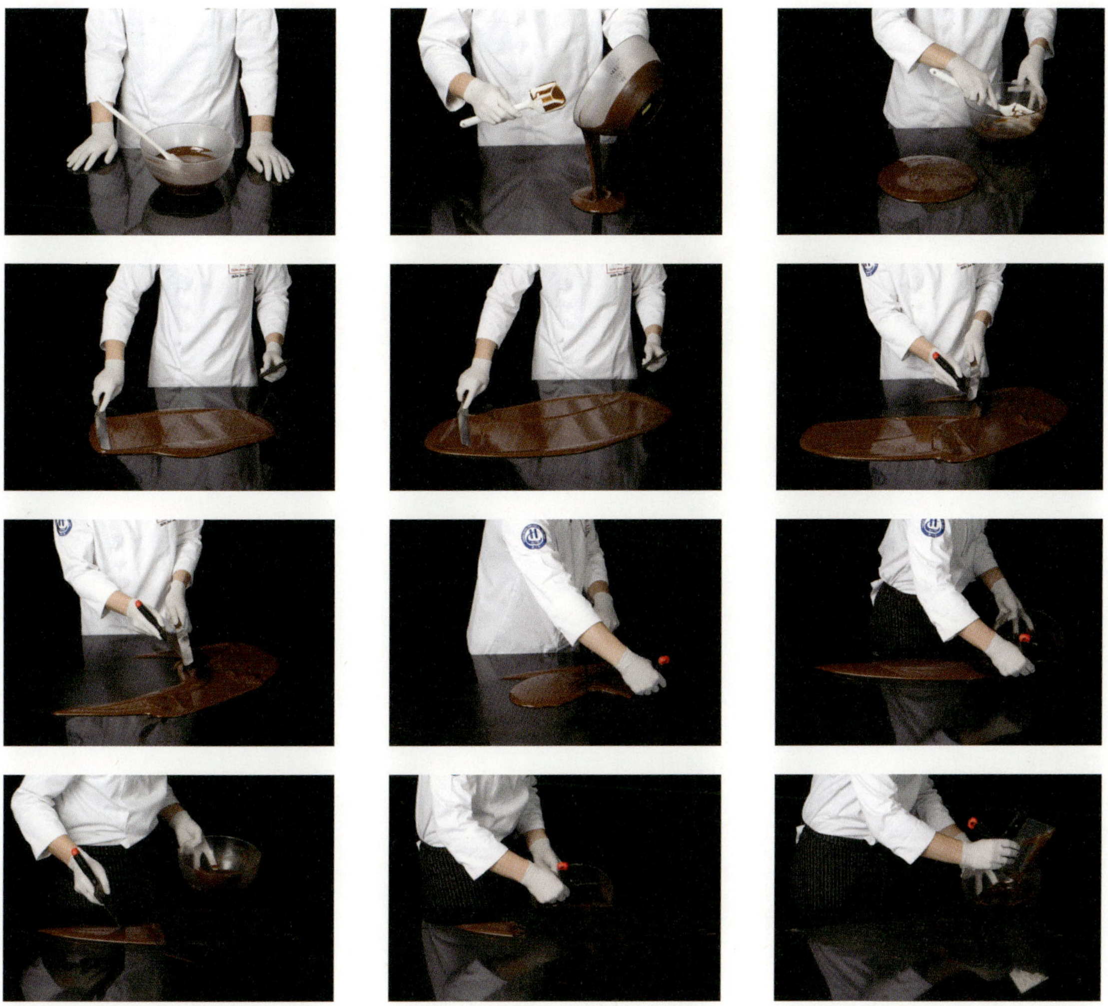

가나슈(Ganache)란 무엇인가?

가나슈는 초콜릿 지방과 수분(크림, 우유 또는 과육)의 혼합물이다. 즉, 가나슈는 마요네즈처럼 안정적이고 유연하며 윤기가 흐르고 수분 증발이 느린 에멀션 상태로서 버터, 전화당이나 포도당 시럽, 말린 견과류 페이스트 등을 첨가하여 질감을 향상시킬 수 있다. 가나슈란 프랑스어로 멍청이, 바보라는 뜻으로 19세기 프랑스의 어느 과자 공장 견습생이 실수로 초콜릿이 담긴 그릇에 끓는 우유를 쏟았는데 그 견습생의 멍청한 짓 때문에 개발된 초콜릿이라 하여 가나슈라는 이름이 붙었다고 한다. 또 기호에 따라 술이나 음료, 향신료 또는 과일을 이용하여 다양한 맛과 향을 내기도 한다.

아니스 가나슈(Anis Ganache)

재료

- □ 동물성 생크림 100g
- □ 아니스 2개
- □ 트리몰린 18g
- □ 밀크 초콜릿 222g
- □ 버터 18g

작업 순서

1. 생크림, 트리몰린, 아니스를 넣고 80℃까지 데운다.
2. 약 2분간 뚜껑으로 덮어주고, 미리 녹여 준비한 밀크 초콜릿에 세 번에 나누어 섞어준다.
3. 35℃ 정도까지 온도를 내려 버터를 넣고 균일하게 혼합한다.
4. 템퍼링한 다크 초콜릿으로 선을 짜준다.
5. 밀크 초콜릿으로 몰딩을 하고 가나슈를 팬닝한다.
6. 뒷면을 막아주고 수축시켜 마무리한다.

캐러멜 가나슈(Caramel Ganache)

재료

- □ 화이트 초콜릿 100g
- □ 카카오버터 20g
- □ 설탕 50g
- □ 동물성 생크림 100g
- □ 칼바도스 10g

작업 순서

❶ 설탕을 캐러멜화하여 80℃로 데운 생크림을 나누어 섞어준다.
❷ 미리 녹여 준비한 화이트 초콜릿과 카카오버터에 ❶ 을 세 번에 나누어 섞어준다.
❸ 칼바도스를 넣고 섞어준다.
❹ 틀에 색소 분사를 해준다.
❺ 다크 초콜릿으로 몰딩을 하고 가나슈로 코팅한다.
❻ 뒷면을 막아주고 수축시켜 마무리한다.

산딸기 가나슈(Raspberry Ganache)

재료

- □ 후람보아즈 퓨레 25g
- □ 생크림 20g
- □ 전화당 5g
- □ 다크 초콜릿 45g
- □ 밀크 초콜릿 30g
- □ 버터 10g
- □ 후람보아즈 브랜디 10g

작업 순서

1. 생크림과 전화당을 80℃까지 데워준다.
2. 초콜릿과 생크림 전화당을 섞어준다.
3. 50℃로 녹인 퓨레를 섞는다.
4. ③이 34℃일 때 버터를 섞어 유화시켜주고 술을 섞는다.
5. 색소를 분사한다.
6. 화이트 초콜릿으로 몰딩을 하고 가나슈를 팬닝한다.
7. 뒷면을 막아주고 수축하여 마무리한다.

얼그레이 가나슈(Earl Gray Ganache)

재료

- □ 동물성 생크림 68g
- □ 전화당 12g
- □ 얼그레이 9g
- □ 밀크 초콜릿 93g
- □ 잔두야 18g(헤이즐넛 프랄린 1 + 밀크 초콜릿 1)
- □ 버터 18g

작업 순서

❶ 생크림, 전화당, 얼그레이를 80℃까지 데운다.
❷ 2분간 뚜껑으로 덮어 놓는다.
❸ ❷를 체에 쳐 계량한다. 생크림 + 전화당만큼 그램수가 안 나올 경우 생크림을 더해준다.
❹ 생크림을 더할 경우 다시 80℃까지 데워준다.
❺ 녹여 놓은 밀크 초콜릿과 잔두야에 ❹를 세 번에 나누어 섞는다.
❻ 버터를 35℃쯤에 넣고 유화시켜 준다.
❼ 색소를 분사하고 다크 초콜릿으로 몰딩을 한다.
❽ 가나슈를 팬닝하고, 뒷면을 막아주고 수축하여 마무리한다.

레몬 가나슈(Lemon Ganache)

작업 순서

❶ 레몬 3개의 제스트와 즙을 졸인다.
❷ 녹인 화이트 초콜릿과 데운 생크림, 물엿을 섞는다.
❸ 레몬조림과 혼합하여 유화시켜 준다.
❹ 색소 분사하고 화이트 초콜릿으로 몰딩해준다.
❺ 가나슈를 팬닝한다.
❻ 뒷면을 막아 수축시켜 마무리한다.

재료

- ☐ 레몬조림 1개 반
- ☐ 동물성 생크림 35g
- ☐ 물엿 25g
- ☐ 화이트 초콜릿 120g

초콜릿 공예의 기본요소

점, 원(구)

① 초콜릿 공예의 가장 기본이 되는 요소
② 모든 형상을 구성하는 기본
③ 특수한 효과(확대, 축소, 집합)
④ 전체적인 조화를 이끌어 냄

선

작품 전체의 이미지 구성에 결정적인 영향을 미침
① 완만한 곡선 : 소재의 딱딱함을 누그러뜨림
② 작품 전체의 흐름을 결정한다.

색채

제작자의 창작 의미를 나타내는 중요한 수단이다.
① 너무 많은 색을 사용하지 않는다.
② 색상환에 대한 이해가 필수적이다(기본 삼원색, 인접한 색, 보색관계 등).

형태

① 사실적인 표현을 하기가 다소 어렵다.
② 기하학적 형태를 이용한다(원형, 정사각형, 직사각형, 마름모꼴 등).
③ 사물을 단순화시켜 추상적으로 표현한다.

균형

균형잡힌 작품은 편안함과 조화로운 느낌을 준다.
① 수직선형, 안정적인 삼각형
② 나선형 구도 : 균형미, 생동감에 적합하다.

대칭

① 사물의 중심선을 축으로 좌, 우 양끝의 점의 크기나 위치에서 서로 호응을 이루는 것
② 예술 작품에서의 기본 조건
③ 시각적인 만족을 느낀다.

비례

① 공예 작품에서 크기, 수량, 색채의 사용, 사물과 공간관계 등에 큰 영향을 끼친다.

장식

공예 작품의 주제를 표현하고 동적인 느낌을 살려주며, 부속물을 배치하는 데 영향을 미친다.

초콜릿 공예

초콜릿 플라스틱 장미

초콜릿 장미

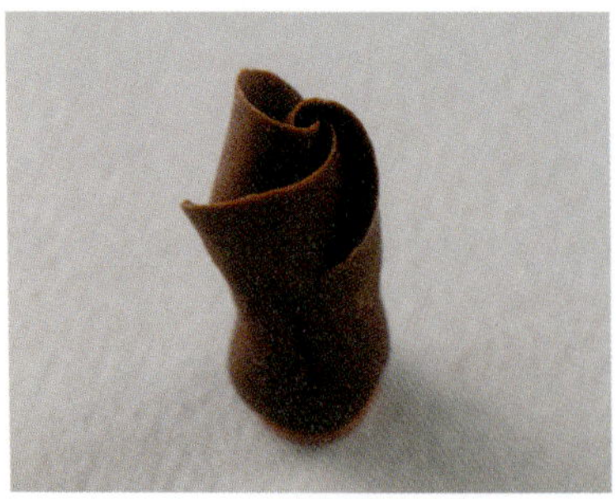

초콜릿 넝쿨

초콜릿 잎새

초콜릿 장미 완성

공정

❶ 원뿔 모양의 기둥을 만들고 꽃잎을 1잎, 3잎, 3잎, 5잎 순으로 붙여 장미를 완성한다.
❷ 줄기를 비벼서 원뿔 모양 대롱에 감아 냉장고에 넣어 안정시킨다.
❸ 10g 정도의 타원형 뿔을 만들고 비닐을 대어 잎새 모양을 완성한다.
❹ 각각의 부품을 조화롭게 완성한다.

초콜릿 데커레이션 장식물

리본

잎새(추상)

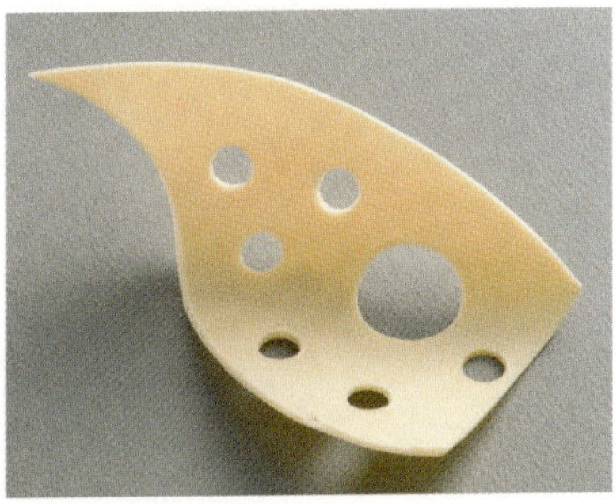

나선형 링

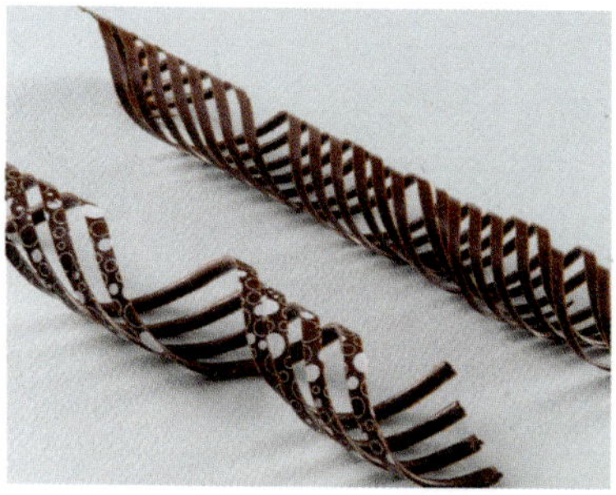

나선형 링

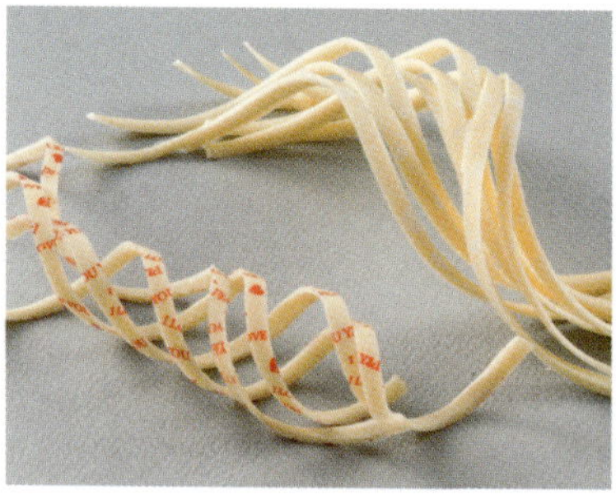

스파이럴(연속적으로 돌아가는 모양)

공정

❶ 무스필름이나 두꺼운 비닐에 템퍼링한 초콜릿을 편다.
❷ 페뉴로 긁어준다.
❸ 80~90% 정도 표면을 굳힌다.
❹ 필름을 꼬아 부시틀에 넣어 굳히거나, 막대로 감아서 완전히 굳힌다(냉장고).
* 전사지 필름을 이용하기도 한다(무늬내기).

부채 만들기

공정

❶ 템퍼링한 초콜릿을 대리석에 얇게 편다.
❷ 초콜릿이 손에 묻어 나지 않는 시점에 (80~90%) 초콜릿 스크레이퍼를 이용한다.
❸ 왼손 검지를 대고 앞으로 밀면서 부채 모양을 만든다.
* 색넣기 : 템퍼링한 화이트 초콜릿을 짠 다음 90% 정도 굳힌다. 나머지 공정은 위와 같이 하면 된다.

시가렛(말린 막대 모양)

공정

❶ 템퍼링한 초콜릿을 대리석에 얇게 편다.
❷ 스크레이퍼로 사방을 정리한다.
❸ 초콜릿이 손에 묻어 나지 않는 시점(90%)에 스크레이퍼로(45℃) 힘있게 밀어서 시가렛을 만든다.

듀오 시가렛(화이트 + 다크)

공정

❶ 템퍼링한 화이트 초콜릿을 대리석에 얇게 편다.
❷ 굵은 페뉴로 긁어낸다.
❸ 약간 굳힌다(80~90%).
❹ 다크 초콜릿을 얇게 편다.
❺ 스크레이퍼로 사방을 정리한다.
❻ 스크레이퍼로(45℃) 힘있게 밀어서 시가렛을 만든다.

초코 플라스틱 장미

배합

다크 초콜릿	100g
물엿	40g

공정

❶ 다크 초콜릿을 45℃로 녹인다.
❷ 물엿을 45℃로 데워서 ❶과 섞는다.
❸ 냉장 휴지 후에 치대준다.
❹ 적당한 크기로 원뿔을 만들고 장미 꽃잎을 붙여 마무리한다.

아침(Morning)

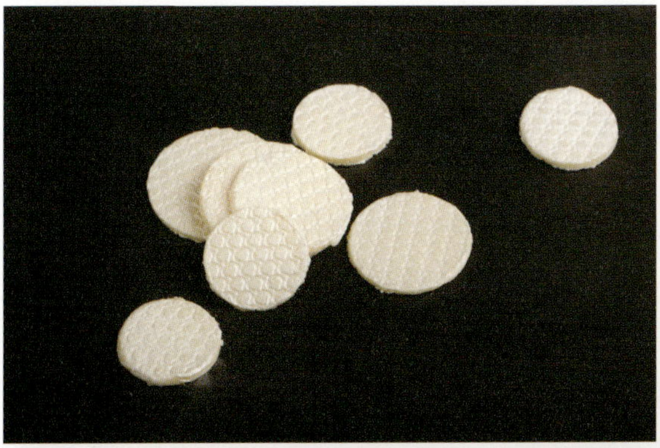

❶ 화이트 초콜릿으로 입체전사지에 밀어펴 모양을 만들어준다.
❷ 나뭇잎 몰드에 색소분사를 하고 화이트초콜릿을 바른다.
❸ 믹서기법을 활용하여 라인을 만들어준다.
❹ 다크 초콜릿으로 꽃을 만들고 색소를 분사해준다.
❺ 화이트 초콜릿으로 대나무를 만들어 색소로 붓칠해준다.
❻ 다크 초콜릿으로 기둥을 만들고 색소를 분사해준 뒤 물광을 내준다.

해골(Skull)

❶ 다크 초콜릿으로 꽃을 만들어 냉동실에 약 20분간 넣어뒀다가 색소를 분사한다.
❷ 나뭇잎 몰드에 초콜릿을 발라 뽑은 다음 색소를 분사한다.
❸ 믹서기법을 활용하여 라인을 만들어준다.
❹ 다크 초콜릿으로 해골모양을 만들어 색소를 분사한다.
❺ 다크 초콜릿으로 기둥을 만들고 색소를 분사해준 뒤 물광을 내준다.
❻ 조화롭게 조립한다.

chapter 08

마지팬

Marzipan

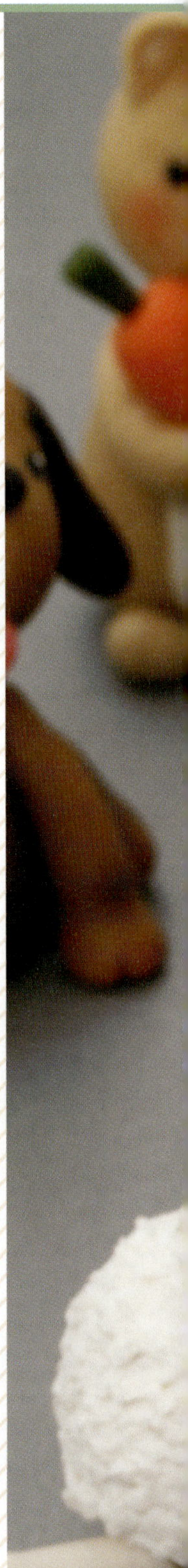

CAKE
DECORATION
BIBLE

마지팬이란

마지팬은 설탕과 아몬드를 갈아서 혼합하여 만든 반죽이다. 고소하고 달콤하며 아몬드 입자가 약간 씹히는 것이 특징이다.

마지팬은 가지고 있는 성질이 말랑하고 부드럽기 때문에 동물이나 과일 같은 작은 조형물을 만들거나 물들이기 쉽고, 다른 공예에서 느낄 수 없는 따뜻함과 유머스러움을 표현할 수 있는 장점이 있지만, 반대로 대형 제작물에는 적합하지 않다.

독일어로는 마르치판(marzipan), 영국식으로 발음하여 마지팬이라 한다. 프랑스에서는 아몬드만 사용한 것은 파트 다망드(Pate d'amande)라 부르고, 아몬드 이외의 견과를 사용할 경우 마스팽 오 노아(massepain aux noix)라는 용어를 쓴다.

설탕과 아몬드의 배합률에 따라 '공예용'과 '부재료용(로마지팬)'으로 구분한다. 공예용은 설탕과 아몬드의 비율이 2:1로 케이크 커버와 장식물 등을 만들 때 쓰이고, 부재료용은 반대로 설탕과 아몬드의 비율이 1:2로 스펀지, 파운드 등 양과자 반죽 등에 섞어 구워지거나 필링으로 사용하는 데 쓰인다.

마지팬의 재료 - 아몬드

아몬드는 장미과의 낙엽교목으로 높이 8m 정도 자라며, 4~5월에 연분홍색 또는 흰색의 꽃이 피면서 열매가 열리기 시작해 완숙기를 거쳐 과육이 건조되고, 자연적으로 터진다. 중심에 들어있는 알맹이를 바로 우리가 이용하는 것이다.

일반적으로 식용으로 사용되고 있는 것은 맛이 달고 향기로운 것으로 주요 생산지는 미국 캘리포니아주로 전체 생산량의 50% 이상에 달하고 있다. 껍질의 두께와 경도에 따라 하드(hard)종과 소프트(soft)종으로 구분할 수 있는데, 여러 형태로 가공되어 제과나 각종 요리에 폭넓게 쓰이고 있는 것이 바로 소프트종이다.

아몬드는 단백질과 기름 함량이 많아 산화가 쉽게 이루어지기 때문에 보존에 각별한 주의가 필요하다. 또한 쉽게 냄새를 흡수하기 때문에 밀폐하여 냉장 보관하는 것이 가장 바람직하다.

마지팬의 기본 반죽

준비된 마지팬 반죽에 원하는 색상을 조금씩 넣어 가면서 너무 진하지 않게 농담을 조절한다. 분말 색상은 알코올 도수가 높은 술에 타서 사용하면 된다.

에어브러시 등 완성된 제품 위에 착색을 할 경우에는 충분히 건조시킨 후에 작업을 하는 것이 좋다.

아몬드 페이스트

통아몬드 1,000g, 설탕 1,000g, 물 300g, 물엿 200g

1. 물과 설탕을 끓인다.
2. 1.이 끓으면 녹인 물엿을 넣고 114℃까지 끓인다.
3. 아몬드는 분쇄기에 간다.
4. 끓인 시럽을 분쇄기에 붓는다.
5. 페이스트가 될 때까지 갈아준다.

아몬드 페이스트(마지팬)

고율제과배합용 66%, 아몬드 : 33%, 설탕(분당)

일반제과배합용 50%, 아몬드 : 50%, 설탕(분당)

저율제과배합용 33%, 아몬드 : 66%, 설탕(분당)

공예용 배합 25%, 아몬드 : 75%, 설탕(분당)

그 이하면 마지팬이 아니다.

마지팬 반죽 만드는 법

독일식

- □ 껍질 벗긴 아몬드 72g
- □ 설탕 240g
- □ 물엿 70g
- □ 슈가파우더 200g

❶ 아몬드를 잘게 잘라 설탕, 물엿과 섞은 뒤 롤러에 4~5회 통과시켜 결이 고운 마지팬 페이스트를 만든다.

❷ 동냄비에 페이스트를 넣고 약한 불에 빠르게 나무 주걱으로 저으면서 불필요한 수분을 증발시킨다. 냄비 안에 달라붙지 않으면 불에서 내려 마블대 위에 넓게 펼쳐 식힌다.

❸ 열이 식으면 슈가파우더를 넣고 섞는다.

❹ 균일하게 치대면 로마지팬으로 사용할 수 있다.

프랑스식

- □ 껍질 벗긴 아몬드 1000g
- □ A 설탕 500g □ 시럽 400g
- □ B 설탕 1,000g □ 물 300g
- □ 물엿 250g

❶ 껍질 벗긴 아몬드를 2~3시간 물에 담가 둔다.

❷ B의 재료를 동냄비에 넣고 125℃까지 끓인다.

❸ ❶의 아몬드를 잘게 잘라 A의 설탕과 섞은 뒤, 끓인 ❷와 섞으면서 하얗게 재결정시킨다.

❹ ❸을 롤러에 7~8회 통과시키면 결 고운 마지팬이 완성된다[마지팬이 완성된 후에 마지팬 1kg에 인베르타제(설탕분해효소) 1g을 섞으면 마지팬이 갈라지거나 터지는 것을 방지할 수 있으며 오랫동안 신선도를 유지할 수 있다].

마지팬의 기본 도구

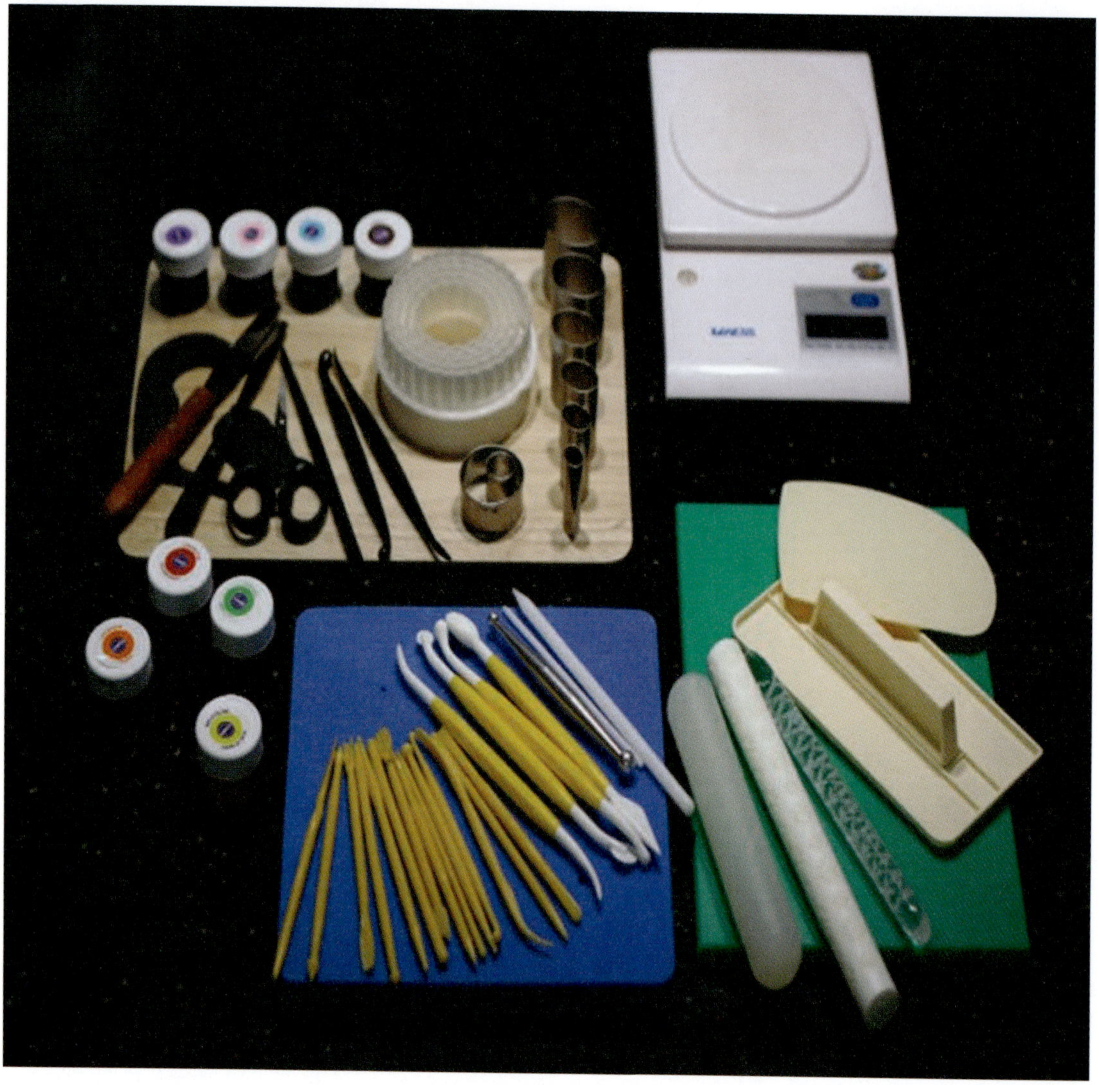

저울 : 반죽의 무게를 잴 때 사용한다.
보드 : 반죽을 얇게 밀 때 받침으로 사용한다.
스무더 : 반죽을 매끄럽게 만들 때 사용한다.
밀대, 무늬 밀대 : 반죽을 밀어서 얇게 펴거나 무늬를 낼 때 사용한다.
모델링 툴 : 섬세하게 여러 가지 모양을 낼 때 사용한다.
폼 패드 : 반죽에 프릴을 만들 때 사용한다.
색소 : 필요한 색의 반죽을 만들 때 사용한다.
나이프, 세공용 가위 : 반죽을 섬세하게 자를 때 사용한다.
철제 커터, 플라스틱 커터 : 반죽을 찍어서 모양을 낼 때 사용한다.

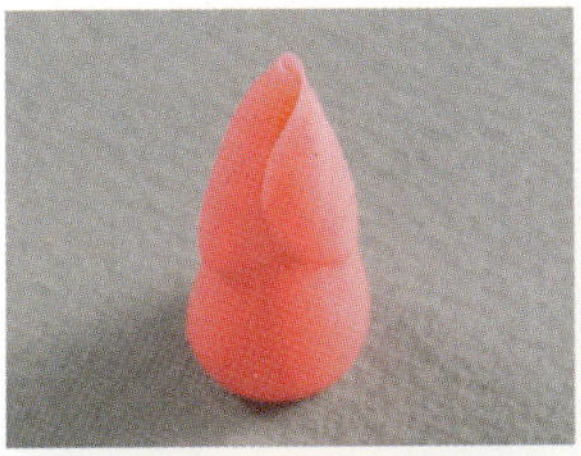
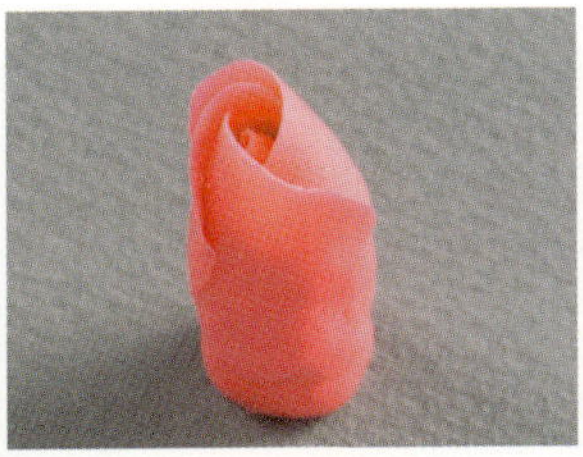
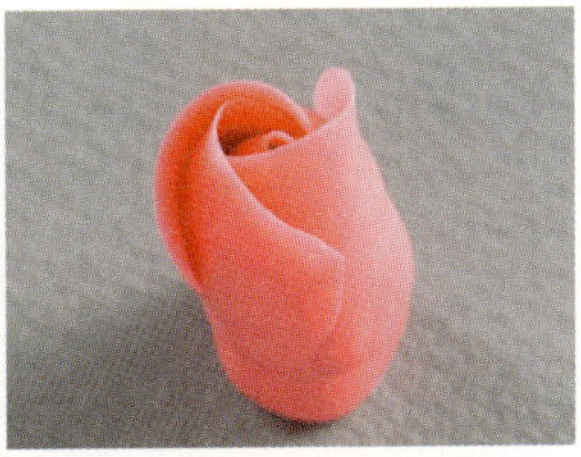

장미꽃 만들기 1

❶ 분당을 넣어 잘 치대진 반죽에 원하는 색소를 넣어 반죽을 만든다.
❷ 원뿔 모양으로 꽃심을 만든 후 꽃잎으로 감싸준다. 이때 꽃잎의 아랫면은 도톰하게 하고 윗면은 비칠 정도로 얇게 밀어주는 것이 좋다.
❸ 3개의 꽃잎을 만들어 윗면이 삼각형이 되도록 모양을 맞추어 붙인다. 꽃잎을 붙이기 전 모양은 가운데 부분이 약간 오목한 형태가 좋다.
❹ 각각의 꽃잎의 가장자리 부분을 가볍게 휘도록 해 꽃이 핀 모양을 만든다.
❺ 5개의 꽃잎을 만들어 붙인다. 이때 새로 붙여나가는 꽃잎의 가운데 부분이 앞서 붙인 꽃잎의 끝부분에 닿도록 하는 것이 좋다.
❻ 나뭇잎 모양의 색소를 입힌 마지팬 반죽을 일부 떼어내 원뿔 모양으로 만든 후 모양대로 펴 주고 가장자리 부분은 매끄럽게 만든다. 마지팬 스틱을 이용해 잎맥을 그려준다. 이때 가장자리 부분은 얇게 밀어 주고 가운데 부분과 아랫부분은 약간 도톰하게 만들어 준다.

장미꽃 만들기 2

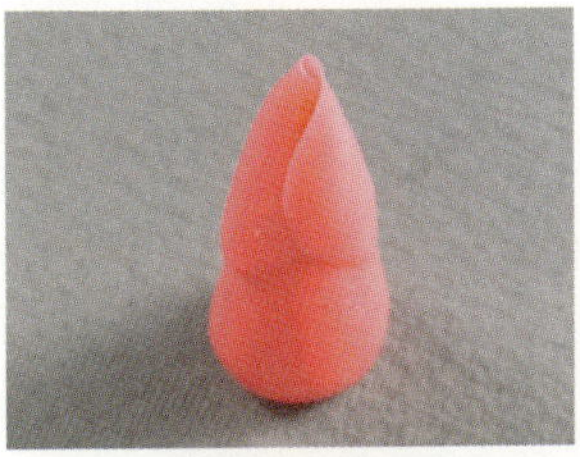

❶ 분당을 넣어 잘 치대진 마지팬 반죽에 원하는 색소를 넣어 반죽한다.
❷ 원뿔 모양으로 꽃심을 만든 후 꽃잎으로 감싸준다. 이때 꽃잎의 아랫면은 도톰하게 하고 윗면은 비칠 정도로 얇게 밀어주는 것이 좋다.
❸ 꽃잎을 만들어 봉오리 모양이 되도록 차례차례 붙여나간다. 꽃잎의 수는 원하는 크기에 따라 적절히 만들어 붙인다. 활짝 핀 꽃을 만들고 싶을 때는 봉오리 색보다 점점 더 옅은 색을 사용해 꽃잎을 만들어 주면 자연스러운 꽃이 될 수 있다.
❹ 일정한 모양이 되면 나뭇잎으로 꽃봉오리를 잘 감싸준다. 활짝 핀 꽃의 경우에는 감싸주는 나뭇잎은 생략한다.
❺ 나뭇잎 색상의 반죽에 붉은 반죽을 소량 섞어 자연스러운 색상을 만든 후 나뭇잎을 만들어 준다. 잎맥을 그린 후 가장자리 부분을 마지팬 스틱으로 가볍게 밀어 자연스러움을 연출한다.

강아지

❶ 갈색 반죽 20g으로 타원형의 얼굴, 30g으로 계란 모양의 몸통을 만든다.

❷ ❸ 5g의 반죽으로 원을 만들고 다시 긴 타원형으로 만든 다음, 발목 부분을 조금 가늘고 움푹하게 만들어 주고 도구를 이용하여 발을 만든다.

❹ 진한 갈색으로 작은 물방울 모양의 타원형을 만들어 살짝 눌러 귀를 완성한다.

❺ 검정색 반죽으로 코와 눈을 만들어 붙인다.

닭

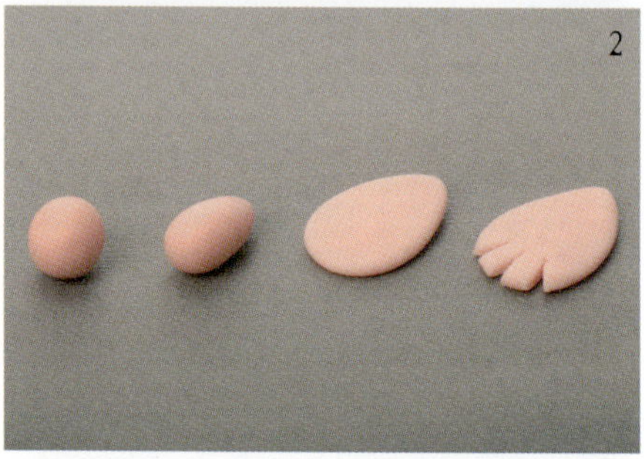

❶ 분홍색 반죽 35g으로 계란 모양의 몸통을 만든다. 빨간색 반죽으로는 벼슬과 부리를 몸통 크기에 맞게 만든다.

❷ 반죽 3g을 작은 물방울 모양으로 만든 다음 납작하게 누르고, 도구를 이용하여 둥근 부분을 잘라주어 날개모양을 만든다.

❸ 같은 방법으로 1g의 반죽을 물방울 모양으로 만들어 납작하게 누른 후 가운데 부분을 움푹하게 모양을 내어 꼬리부분의 깃털을 만든다.

❹ 검정색 반죽으로 눈을 만든다.

기린

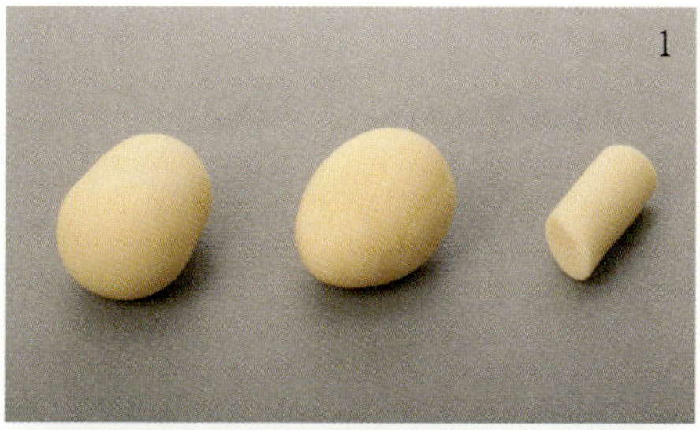

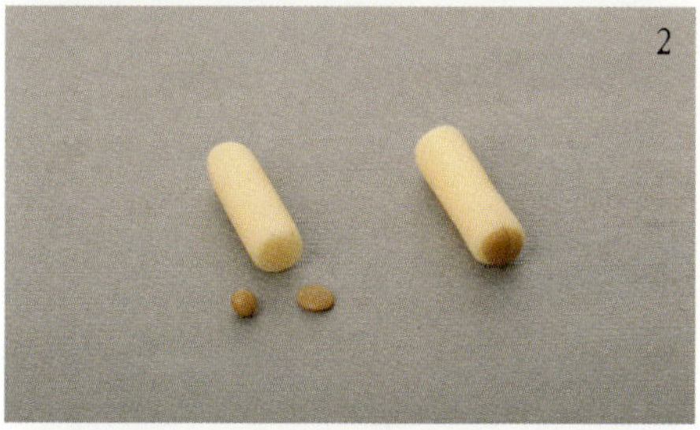

❶ 노란색 반죽 20g으로 타원형의 얼굴과 계란 모양의 몸통을 만든다. 7g의 반죽으로는 원기둥 모양의 목을 만들어 한쪽 면을 사선으로 잘라준다.

❷ 반죽 4g을 길게 원기둥 모양으로 다리를 만든다. 조금 진한 갈색 반죽으로 작은 원을 만들고 납작하게 만들어 발바닥에 붙여준다.

❸ 검정색 반죽으로 눈을 만든다. 작은 갈색 반죽을 이용하여 기린 등에 있는 무늬와 뿔을 만들어 준다.

원숭이

❶ 진갈색 반죽 30g으로 계란 모양의 몸통을 만든다. 반죽 15g으로는 동그랗게 얼굴을 만들어 준다. 연한 갈색 반죽을 얇게 만들어 배와 얼굴에 붙어 준다. 같은 색으로 얼굴에 동그랗게 만들어 붙인 후에 콧구멍을 만들어 준다.

❷ ❸ 반죽 2g으로 긴 타원형의 모양을 만들고 가운데 부분과 손목 부분을 움푹하게 굴려 준 다음 팔꿈치와 손을 만든다. 4g의 반죽을 이용하여 손과 같은 방법으로 발을 만들어 준다.

❹ 작을 원을 만들어 납작하게 눌러 주어 귀를 만들어 붙인다.

❺ 검정색 반죽으로 눈과 눈썹을 붙여 완성한다.

코끼리

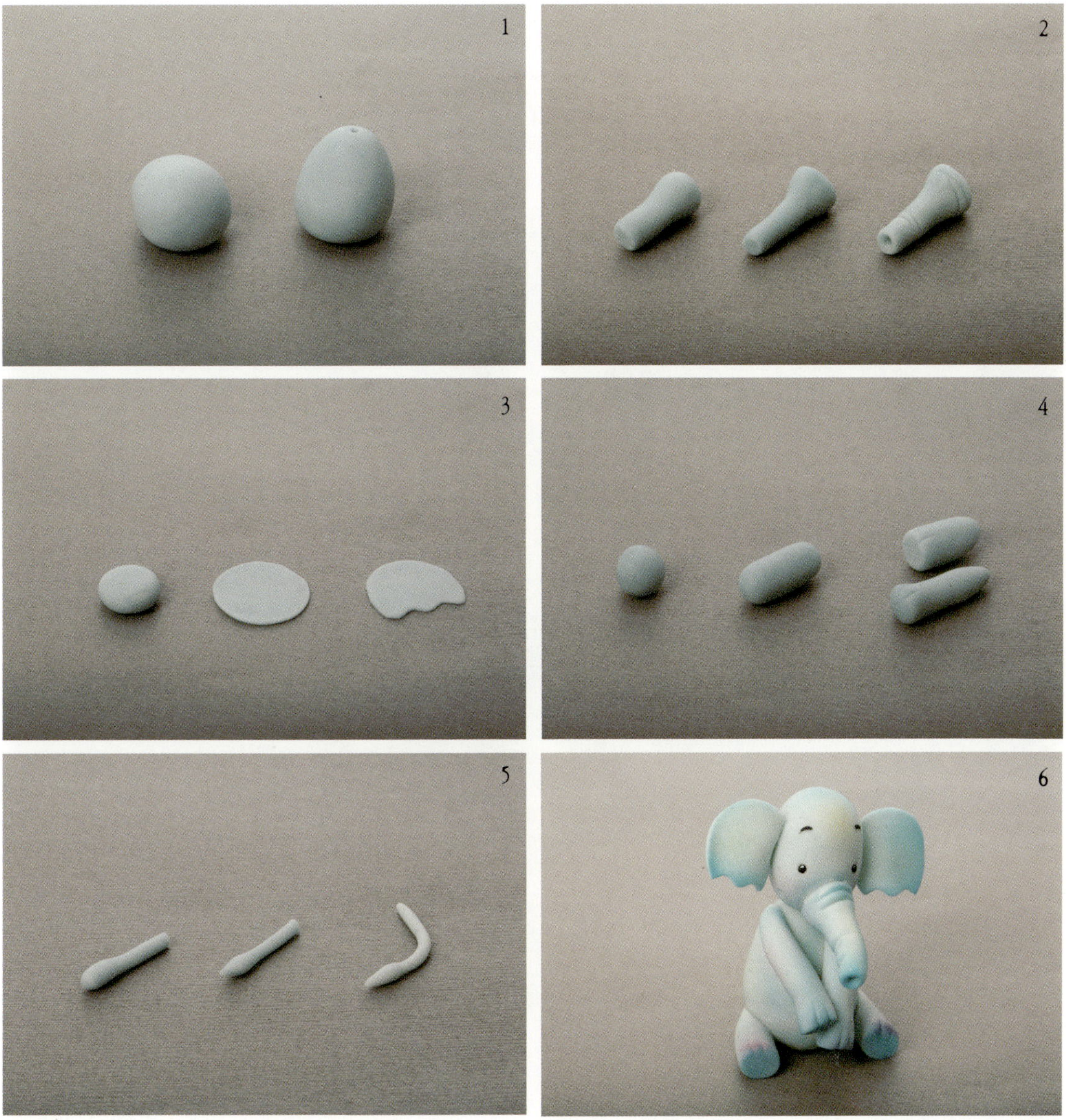

❶ 하늘색 반죽 30g으로 계란 모양의 몸통과 동그란 얼굴을 만든다.

❷ 반죽 5g으로 긴 원기둥을 만든 다음 한쪽 부분만 손끝으로 비벼 점점 좁아지게 만들어 코 모양을 잡아준다. 도구를 이용하여 콧구멍과 주름을 만든다.

❸ 작은 원을 만들어 납작하게 눌러 주어 귀를 만들어 붙인다.

❹ 4g의 반죽으로 앞다리와 뒷다리를 만들어 준다.

❺ 얇고 길게 반죽을 밀어 꼬리를 만든다.

❻ 검정색 반죽으로 눈과 눈썹을 붙인다.

개구리

❶ 연두색 반죽 15g으로 원 모양을 만들어 납작하게 눌러준다. 한쪽 면을 조금 더 눌러 입 모양을 만든다.

❷ 20g의 반죽을 계란 모양으로 빚어 몸통을 만든다. 2g의 반죽을 가늘고 길게 원기둥을 만들어 바닥이 될 부분을 납작하게 눌러 준 다음 칼로 잘라주어 발가락을 만든다. 조금 진한 녹색 반죽을 동그랗게 만들어 발가락 끝에 붙인다.

❸ 검은색 반죽으로 눈을 만들어 붙여 완성한다.

양

1

2

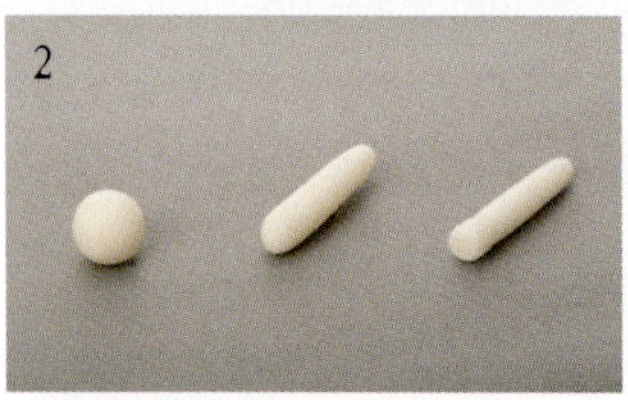

3

4

❶ 베이지색 반죽을 계란 모양의 22g으로 얼굴과 33g으로 몸통을 만든다. 하얀 반죽을 얇게 등 부분에 붙이고 핀셋으로 반죽을 조금씩 뜯어 털을 만든다.

❷ 3g의 반죽을 이용하여 다리를 만든다.

❸ 물방울 모양으로 귀를 만든다.

❹ 진한 갈색반죽으로 눈과 코를 만들어 붙여준다.

사자

1

2

3

4

5

❶ 35g의 갈색 반죽으로 계란 모양의 몸통을 만들어 준다.

❷ 20g의 반죽을 동그랗게 만들고 눈과 코, 입을 만들어 준고, 3g의 진한 갈색 반죽으로 길게 원기둥 모양을 만든 후에 납작하게 누르고 칼집을 내어 갈기를 만든다.

❸ 4g의 반죽으로 앞다리를 만든다.

❹ 5g의 반죽으로 뒷다리를 만들어 준다.

❺ 갈색 반죽을 작고 동그랗게 만들어 납작하게 눌러 귀를 만들어 붙인다.

토끼

❶ 30g의 연한 갈색 반죽으로 계란 모양의 몸통을 만들어 준다.

❷ 17g으로 동그랗게 얼굴을 만든다.

❸ 1g의 동그란 반죽을 긴 계란 모양으로 만든 후에 납작하게 눌러 귀를 만든다. 연한 베이지색 반죽을 귀 가운데 붙인다.

❹ ❺ 2g의 반죽을 이용하여 손을 만들고, 1g의 반죽으로 발을 만든다.

❻ 검정색 반죽으로 눈을 만들어 붙인다.

돼지

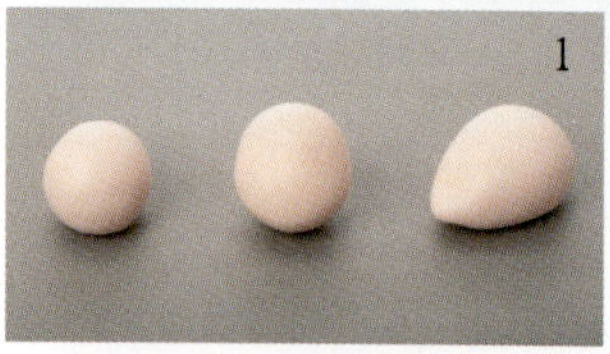

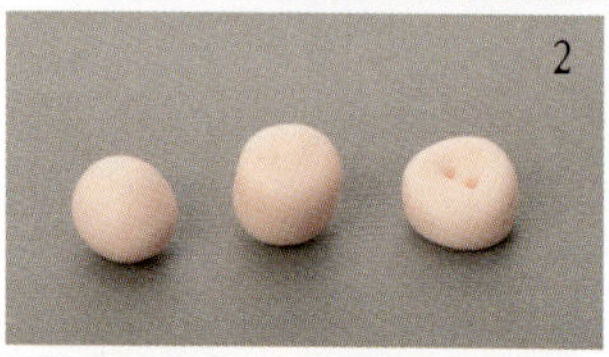

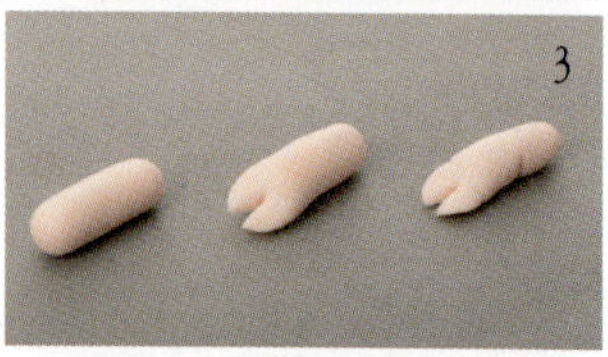

❶ 20g의 연분홍색 반죽을 동그랗게 빚어 얼굴을 만든다. 30g의 반죽으로는 계란 모양의 몸통을 만들고, 배 부분을 약간 납작하게 눌러준다.

❷ 2g의 반죽을 이용하여 납작한 원기둥을 만들고, 도구를 이용하여 주름과 콧구멍을 만든다.

❸ 5g의 반죽으로 긴 원기둥을 만든 후에 한쪽 끝을 눌러 납작하게 만든다. 가운데 부분을 잘라 발톱을 만들어 준다.

❹ 물방울 모양의 반죽으로 귀를 만들어 준다.

❺ 눈과 꼬리를 붙여준다.

토끼 1

준비 반죽 흰색, 주홍색, 주황색, 검정색, 연두색

❶ 흰색으로 몸통, 머리, 팔, 다리, 꼬리를 만든다.
❷ 토끼머리는 손바닥 사이에 반죽을 넣고 통통한 원뿔 모양을 만든 후 윗 부분을 반으로 잘라 귀를 만든다.
❸ 두 귀는 가운데 부분에 마지팬 스틱으로 길게 홈을 판 후 주홍색 반죽을 기둥모양으로 만들어 붙인다.
❹ 주황색으로 원뿔모양을 만들어 당근을 만들고 연두색으로 당근 잎을 만든다.

토끼 2

준비 반죽 분홍색, 흰색, 빨간색, 검정색

❶ 분홍색과 흰색을 이용해 몸통과 머리를 만든다.
❷ 흰색으로 팔과 발을 만들어 붙인다.
❸ 눈, 코, 수염을 만들어 붙인다.

토끼 3

준비 반죽 황금색, 갈색, 주황색, 검정색, 흰색, 빨간색

❶ 황금색으로 몸통, 머리, 다리를 만든다. 몸통은 두툼한 원뿔형으로 만든 후 1/3 지점을 손가락으로 문질러 앞다리 부분과 엉덩이 부분으로 나누어 준다. 마지팬 스틱으로 앞다리를 자른 후 자른 면이 아랫쪽으로 향하도록 틀어 준다.
❷ 눈, 코, 수염을 만들어 붙이고 머리에 갈색으로 띠를 둘러준다.
❸ 주황색으로 원뿔모양을 만들어 당근을 만들고 연두색으로 당근 잎을 만든다.

바니

준비 반죽 연하늘색, 흰색, 빨간색, 검정색

❶ 흰색과 하늘색으로 몸통과 팔, 다리를 만들고 마지팬 스틱으로 발가락 모양을 만든다.
❷ 흰색과 하늘색으로 머리, 귀, 입을 만들고 얼굴 표정을 만든다.
❸ 눈, 코, 이빨을 만들어 붙인다.

호랑이 1

준비 반죽 연황금색, 흰색, 검정색, 노란색, 빨간색

1. 연황금색과 흰색으로 몸통과 머리를 만든다.
2. 머리에 눈, 코, 수염을 이용해 표정을 만들어 붙인다.
3. 노란색을 이용해 팔과 다리 모양을 만들어 붙인다.
4. 검정색 반죽을 길게 밀어 호랑이 무늬를 만들어 붙인다.

호랑이 2

준비 반죽 진노랑색, 흰색, 검정색, 빨간색, 갈색

1. 진노랑색으로 몸통과 머리를 만든다.
2. 진노랑색으로 팔, 다리, 귀를 만들어 붙인다. 귀는 둥글게 원형으로 만든 후 봉형 마지팬 스틱을 가운데 놓고 원을 그리듯 둥글려준다.
3. 머리에 눈, 코, 수염, 입을 만들어 붙인다.
4. 갈색 반죽을 가늘고 길게 밀어 머리, 등, 꼬리에 호랑이 무늬를 만들어 붙인다.

사자 1

준비 반죽 진한 황토색, 갈색, 흰색, 검정색

1. 진한 황토색으로 몸통, 다리를 만든다. 몸통은 두툼한 원뿔형으로 만든 후 1/3 지점을 손가락으로 문질러 앞다리 부분과 엉덩이 부분으로 나누어 준다. 마지팬 스틱으로 앞다리를 자른 후 자른 면이 아랫쪽으로 향하도록 틀어 준다. 뒷다리는 타원형으로 반죽을 만들어 납작하게 눌러 붙인다.
2. 머리는 모양대로 윤곽을 잡아 표정을 살리고 눈, 코를 만들어 붙이고 마지팬 스틱으로 수염으로 표현해 준다.
3. 갈색으로 사자 갈기를 만들어 붙인다.

사자 2

준비 반죽 연황금색, 붉은 갈색, 오렌지색, 검정색, 빨간색

1. 연황금색으로 몸통과 머리를 만든다. 손가락과 발가락을 만들어 붙인다.
2. 붉은 갈색으로 사자 갈기를 만들어 붙인다.
3. 눈, 코, 수염을 만들어 마무리한다.

강아지 1

준비 반죽 황토색, 갈색, 빨간색, 검정색, 파란색, 노란색

❶ 황토색으로 몸통, 머리, 다리를 만든다. 몸통은 두툼한 원뿔형으로 만든 후 1/3 지점을 손가락으로 문질러 앞다리 부분과 엉덩이 부분으로 나누어 준다. 마지팬 스틱으로 앞다리를 자른 후 자른 면이 아랫쪽으로 향하도록 틀어 준다. 뒷다리는 마지팬 스틱을 이용해 표시해 준다.

❷ 눈, 코를 만들어 붙이고 귀는 황토색과 갈색을 각각 원뿔형으로 만들어 붙인 후 눌러 펴준다.

❸ 갈색으로 점박이 무늬를 불규칙적으로 만들어 원하는 위치에 붙인다.

강아지 2

준비 반죽 황토색, 갈색, 빨간색, 검정색, 파란색, 노란색

❶ 황토색으로 몸통, 머리, 다리를 만든다. 몸통은 두툼한 원뿔형으로 만든 후 1/3 지점을 손가락으로 문질러 앞다리 부분과 엉덩이 부분으로 나누어 준다. 마지팬 스틱으로 앞다리를 자른 후 자른 면이 아랫쪽으로 향하도록 틀어 준다. 뒷다리는 마지팬 스틱을 이용해 표시해 준다.

❷ 눈, 코를 만들어 붙이고 귀는 황토색과 갈색을 각각 원뿔형으로 만들어 붙인 후 눌러 펴준다.

❸ 갈색으로 점박이 무늬를 불규칙적으로 만들어 원하는 위치에 붙인다.

강아지 3

준비 반죽 진노랑색, 검정색, 살색

❶ 진노랑색으로 머리, 몸통, 다리를 만든다. 앞다리는 몸통과 같이 만드는데 뾰족한 원뿔형을 만들어 1/3 지점으로 손가락으로 가늘게 늘어뜨린다. 마지팬 스틱으로 가운데를 잘라 둥글게 만들어 준다.

❷ 눈, 코, 귀를 만들어 붙인다.

❸ 검정색으로 점박이 무늬를 불규칙적으로 만들어 원하는 위치에 붙인다.

다람쥐

준비 반죽 갈색, 고동색, 흰색, 연두색

❶ 갈색과 흰색 반죽을 이용해 머리를 만들고 뒷부분에는 고동색으로 가늘게 무늬를 만들어 붙인다.

❷ 갈색으로 몸통을 만들고 팔, 다리, 귀를 붙인다. 팔은 앞부분에 흰색을 이용해 손 모양을 만들어 준다. 갈색으로 원뿔모양을 만든 후 납작하게 눌러 꼬리를 만든 후 고동색 반죽을 길게 밀어 펴 다람쥐 무늬를 만들어 붙인다.

돼지

준비 반죽 연분홍색, 진분홍색, 흰색, 검정색

1. 연분홍색으로 몸통과 머리를 만든다.
2. 진분홍색으로 귀, 코, 발을 만들어 붙인다.
3. 눈을 모아 붙이고 얼굴 표정을 만든다.

닭

준비 반죽 흰색, 빨간색, 검정색

1. 흰색으로 원뿔 모양의 몸통을 만든 후 뾰족한 부분을 살짝 구부려 부리를 만든다.
2. 흰색 반죽을 가늘고 길게 밀어 붙여서 날개와 꼬리를 만든다. 이때 각각의 크기를 달리해 볼륨감과 입체감을 살린다.
3. 검정색으로 물갈퀴 모양의 발을 만들어 붙인다.
4. 빨간색으로 닭 벼슬을 만들어 붙인다.

악어

준비 반죽 연노랑색, 흰색, 검정색

1. 연노랑색 반죽을 긴 원통형으로 앞쪽은 조금 두툼하게 뒤쪽은 얇고 뾰족하게 밀어준다.
2. 두툼한 앞쪽 머리 부분을 잘라 입을 만들고 뒷부분을 살짝 눌러 눈을 만들어 붙인다.
3. 가늘고 긴 반죽을 만들어 악어 등 무늬를 만들어 붙인다.
4. 타원형으로 반죽을 밀어 악어 발을 만든 후 모양을 만들어 준다.

말

준비 반죽 연황금색, 붉은 갈색, 흰색, 검정색

1. 연황금색으로 몸통과 머리를 만든다. 몸통은 타원형으로 만든 후 가운데 부분을 살짝 눌러주고 마지팬 스틱으로 다리 부분을 표현해 준다. 머리는 종 모양으로 둥글게 만든 후 넓은 면에 갈색으로 코를 만들어 붙인다.
2. 붉은 갈색으로 발, 갈기를 만든다. 갈기는 고운 체를 이용해 내려서 만든다.
3. 눈을 모아 붙이고 얼굴 표정을 만든다.

마지팬(Marzipan) - 과일

사과

❶ 빨간색 마지팬 반죽과 연두색 반죽을 섞어 동그랗게 만든다.
❷ 도구를 이용하여 위 가운데 부분을 눌러 꼭지 자리를 만들어 준다.
❸ 진한 갈색으로 물방울 모양의 꼭지를 만들어 붙여 완성한다.

감

❶ 주황색 반죽을 동그랗게 만든 다음 살짝 눌러준다.
❷ 도구를 이용하여 위 가운데 부분을 눌러 꼭지 자리를 만들어 준 후 꼭지 자리부터 살짝 눌러 4개의 홈을 만든다.
❸ 초록색 반죽을 얇게 밀어 4갈래의 잎을 만든다. 도구를 이용하여 잎맥을 만들어 준다.
❹ 물방울 모양의 꼭지를 만들어 붙인다.

배

❶ 노란 마지팬 반죽을 동그랗게 만든다.
❷ 도구를 이용하여 위 가운데 부분을 눌러 꼭지 자리를 만들어 준다.
❸ 진한 갈색으로 물방울 모양의 꼭지를 만들어 붙인다.

복숭아

❶ 반죽을 동그랗게 빚은 후 끝 부분을 살짝 뾰족하게 만든다.
❷ 도구를 이용하여 위 가운데 부분을 눌러 꼭지 자리를 만들어 준다.
❸ 꼭지 자리부터 뾰족한 부분까지 살짝 칼집을 내어 복숭아 모양을 만들어 준다.

체리

❶ 진한 빨간색 반죽을 동그랗게 빚는다.
❷ 위 가운데 부분을 눌러 꼭지 자리를 만들어 준다.
❸ 꼭지자리부터 아래까지 홈을 만들어 준다.
❹ 초록색 반죽으로 길고 얇게 줄기를 만들어 꼭지 자리에 붙여 준다.

피망

❶ 초록색 반죽을 타원형으로 만든다.
❷ 위 가운데 부분을 눌러 꼭지 자리를 만든다. 옆면에 5~6개의 홈을 만들어 준다.
❸ 5개 꽃잎 모양의 커터를 이용하여 찍은 후에 얇게 눌러 핀다. 피망의 꼭지를 만들어 준다.

바나나

1. 노란색 반죽을 긴 원기둥모양으로 만든다.
2. 꼭지 부분을 손으로 얇게 만들어 빼준다.
3. 원기둥에 4개의 각을 만들어 바나나 모양으로 잡아주고 위 아래를 살짝 휘어 준다.

딸기

1. 빨간색 반죽을 물방울 모양으로 만든다.
2. 아랫면을 살짝 눌러 평평하게 만들고, 이쑤시개로 옆면을 찔러 씨앗 무늬를 낸다.
3. 초록색 반죽을 이용하여 잎과 꼭지를 만든다.

귤

❶ 주황색 반죽을 동그랗게 만든다.
❷ 일정한 간격으로 홈을 내어 귤 속을 만든 후에 콘스타치를 묻힌다.
❸ 주황색과 하얀 반죽을 얇게 밀어 붙인 후, 하얀 반죽 부분이 안쪽으로 가게 감싸준다.
❹ 껍질 부분에 이쑤시개 등 뾰족한 도구를 이용하여 찔러 질감을 표현한다.

참외

❶ 노란색 반죽을 타원형으로 만든다.
❷ 윗면에 꼭지 자리를 만들어 주고, 옆면에는 일정한 간격으로 홈을 내어 준다.
❸ 원모양의 납작한 꼭지를 만들어 붙여 준다.

귤 1

준비 반죽 흰색, 오렌지색, 연두색, 갈색

❶ 오렌지색과 연두색을 이용해 색상을 자연스럽게 만들어 원형 모양을 만든 후 돌기가 나 있는 마지팬 도구판에 굴려 반죽 표면을 귤처럼 만든다.
❷ 원뿔형 마지팬 스틱으로 가운데 부분에 구멍을 내고 연두색 반죽으로 원형을 만들어 붙인 후 다시 구멍을 내준다.
❸ 나뭇잎과 줄기를 만들어 낸다.

귤 2

준비 반죽 흰색, 오렌지색, 연두색, 갈색

❶ 오렌지색 반죽을 둥글리기 해 마지팬 스틱으로 귤 알맹이 모양을 만든다.
❷ 오렌지색과 연두색을 이용해 색상을 자연스럽게 만든 후 원형으로 평평하게 펴준다. 안쪽에 흰색 반죽을 평평하게 만들어 붙인 후 넓게 밀어 펴준다.
❸ 귤 알맹이에 분당을 묻힌 후 반죽으로 감싸고 돌기가 나 있는 마지팬 도구판에 굴려 반죽 표면을 귤처럼 만든다.
❹ 나뭇잎과 줄기를 붙인다.
❺ 커터칼을 이용해 껍질 벗긴 귤의 느낌을 자연스럽게 표현한다.

복숭아

준비 반죽 흰색, 노란색, 분홍색, 갈색, 연두색

❶ 노란색과 분홍색과 연두색을 적절히 이용해 타원형으로 복숭아 모양을 만든다.
❷ 가운데에서 뾰족하게 만든 부분쪽으로 마지팬 스틱을 이용해 눌러 홈을 만들어 준다.
❸ 줄기는 갈색 반죽을 넓게 펴 둥글고 가늘게 민 흰반죽을 감싸 긴 막대형을 만든 후 원하는 크기로 잘라 사용한다.
❹ 가운데 부분에 구멍을 낸 후 줄기와 잎을 붙여준다.

사과

준비 반죽 빨간색, 노란색, 연두색, 갈색, 흰색

❶ 빨간색과 노란색을 적절히 사용해 항아리 모양의 둥근 형태를 만든다.
❷ 중앙에 원뿔형 마지팬 스틱으로 가운데 부분에 구멍을 만든다.
❸ 나뭇잎과 줄기를 만들어 붙인다.

감

준비 반죽 주황색, 노란색, 연두색, 갈색, 흰색

❶ 주황색과 노란색, 연두색을 적절히 사용해 감 모양을 만든 후 마지팬 스틱으로 사면에 홈을 만든다.
❷ 중앙에 원뿔형 마지팬 스틱으로 가운데 부분에 구멍을 만든다.
❸ 감 잎사귀를 만들어 줄기와 함께 붙인다.

딸기

준비 반죽 빨간색, 흰색, 노란색, 연두색, 갈색

❶ 빨간색, 흰색, 노란색 반죽을 적절히 사용해 둥근 모양을 만든 후 망으로 감싸 딸기의 오톨도톨한 모양을 표현하면서 딸기 모양을 만든다.
❷ 중앙에 원뿔형 마지팬 스틱으로 가운데 부분에 구멍을 만든다.
❸ 딸기 잎사귀를 만들어 줄기와 함께 붙인다.

레몬

준비 반죽 노란색, 연두색, 갈색

❶ 노란색과 연두색 반죽을 적절히 이용해 타원형 모양을 만든 후 한쪽 부분은 좀 더 뾰족하게 손으로 모양을 만들어 준다.
❷ 마지팬 도구팬에 굴려 반죽 표면을 레몬 껍질처럼 오톨도톨하게 만든다.
❸ 연두색과 갈색을 혼합한 반죽으로 꼭지를 만들어 붙인다.

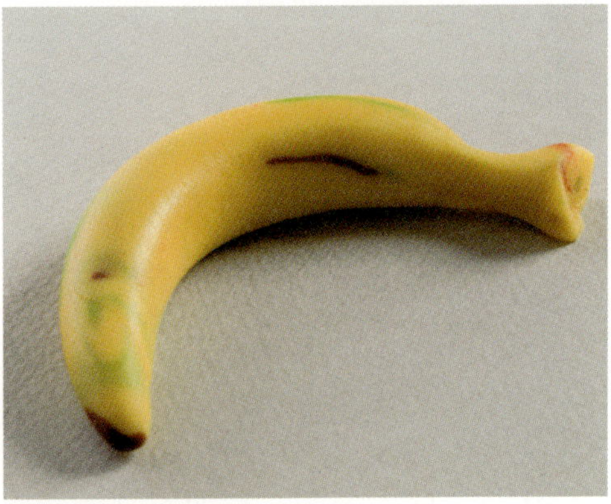

바나나

준비 반죽 흰색, 노란색

❶ 노란색 반죽으로 둥글린 후 길게 원통형으로 만든다.
* 껍질 깐 바나나는 노란 반죽 위에 하얀 반죽을 겹쳐 직사각형으로 민 후 흰반죽을 타원형으로 밀어 감싼다.
❷ 양쪽 부분을 손으로 둥글려 한쪽에 꼭지 모양을 만들고 다른 한쪽은 뾰족하게 만든다.
❸ 바나나를 살짝 구부린 후 마지팬 스틱으로 바나나 표면의 각을 만들어 준다.
❹ 색소를 이용해 꼭지 부분과 표면을 표현해 준다.

잔칫날

가로 13cm × 세로 13cm × 높이 15cm

가로 21cm × 세로 21cm × 높이 19cm

가로 18cm × 세로 18cm × 높이 20cm

가로 7cm × 세로 7cm × 높이 15cm

가로 12cm × 세로 12cm × 높이 9.5cm

베이비 슈즈(Baby Shoes)

베이비 슈즈 1

베이비 슈즈 2

베이비 슈즈 3

아이싱 쿠키(Icing Cookie)

아이싱을 이용하여 장식한 쿠키는 우아한 분위기의 웨딩 파티나 귀여운 아이들의 생일 파티 분위기를 내는 데 큰 몫을 한다.

사용 재료

분당, 계란 흰자, 레몬즙

로열 아이싱(Royal Icing)

분당과 계란 흰자를 섞어 공기층이 형성된 것으로 익히지 않은 머랭의 상태라고 볼 수 있다. 분당과 계란 흰자를 5:1의 비율로 만드는 것이 가장 일반적이며, 필요에 맞게 분당을 조금씩 추가하여 농도를 맞춘다. 약간의 레몬즙을 넣어주면 더 하얗고 단단한 머랭을 만들 수 있다.

작업 순서

❶ 쿠키 반죽을 만들어 얇게 핀 다음 원하는 모양틀을 이용하여 찍는다. 170℃ 오븐에서 10~13분 정도 굽는다.
❷ 모양을 내어 구운 과자의 가장자리에 테두리를 그려준다.
❸ ❷보다 조금 묽은 농도의 아이싱을 이용하여 가운데 부분을 채워준다.
❹ 아이싱이 굳기 전에 도트를 찍어주면 속으로 스며들어 자연스러운 무늬를 만들 수 있다.
❺ 속을 채운 아이싱이 어느 정도 굳으면 테두리에 하얀 도트를 찍어 완성한다.

각설탕(Sugar Cubes)

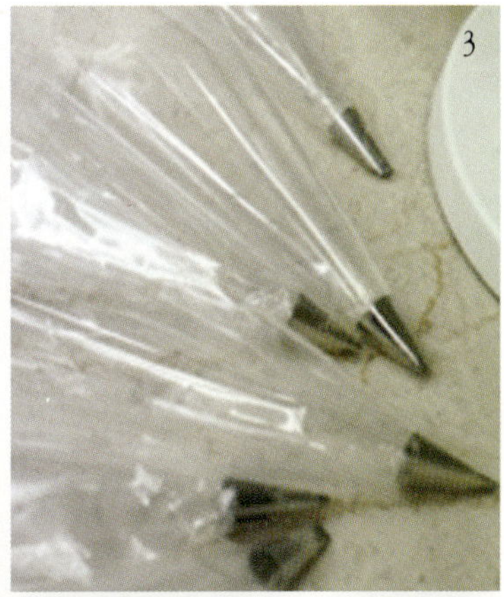

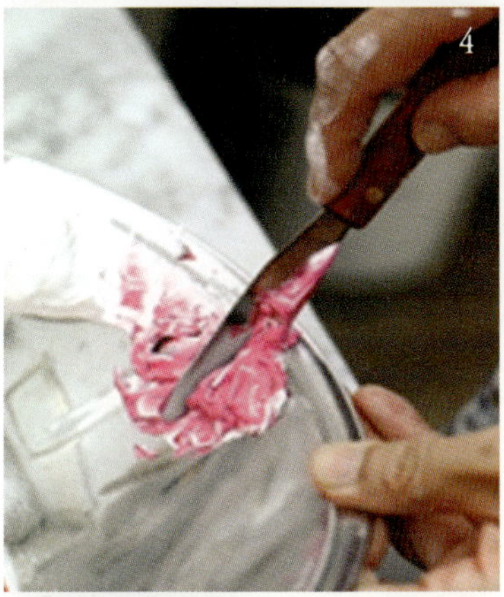

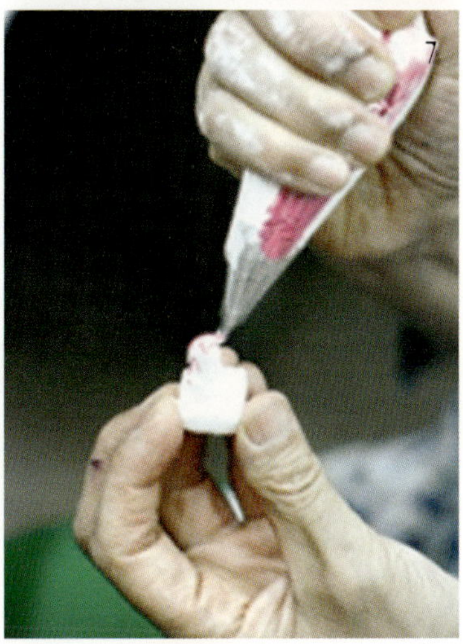

사용 재료

분당 200g, 흰자 100g, 분당 15g

사용 도구

짤 주머니, 팁, 행주, 고무 주걱, 색소, 스패튤러

작업 순서

❶ 분당을 체 친다.

❷ 믹싱볼에 분당과 흰자를 넣고 휘퍼를 이용하여 가루가 날리지 않도록 섞어준 다음 3~4분 정도 중탕하여 머랭을 올리고 남겨둔 분당을 넣어 재빨리 섞어준다. 고속으로 100% 머랭을 올리고 체 쳐둔 분당 15g을 넣고 거품이 꺼지지 않게 살짝 섞는다.

❸ 깍지를 끼워 미리 짤 주머니를 준비해둔다.

❹ 그라데이션을 위해 머랭에 원하는 색소를 타서 준비해둔다.

❺ 짤 주머니의 한쪽 끝에 원하는 색을 미니 스패튤러로 넣는다.

❻ 원하는 모양을 각설탕 위에 짠다.

chapter 09

앙금플라워

Flower Sediment

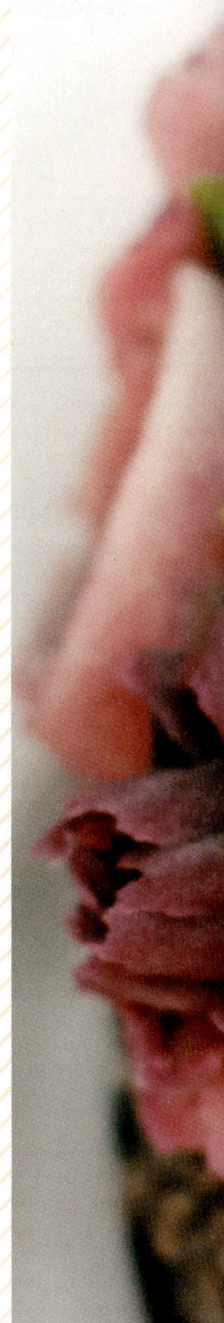

CAKE
DECORATION
BIBLE

색을 더하는 재료

노란색 계열

● 노란색 – 단호박가루

칼로리가 낮아 다이어트 식품으로도 그만인 단호박은 색이 고와 색내기 재료로 많이 쓰인다. 식이섬유가 풍부해 대장암을 예방하는 효능이 있다. 가루로 만든 후에는 반드시 냉동보관하여 사용한다.

● 노란색 – 치자가루

노란색을 내야 할 때 주로 사용하는 재료로 잘게 썰어 분쇄기 등으로 가루내어 사용한다. 한방에서는 약재로도 쓰이며, 빈대떡이나 전을 노랗게 물들일 때 사용한다.

붉은색 계열

● 빨간색 – 딸기가루

식품건조기나 오븐에서 저온으로 구워 간편하게 만들 수 있으며, 색을 내기 위한 재료로 사용된다.

● 보라색 – 자색고구마

일반고구마와 달리 속이 적자색으로 색내기에 매우 좋은 재료이다. 떡뿐만 아니라 정과를 만들 때도 자주 쓰인다. 자색고구마를 사용할 때는 미리 쪄서 으깬 뒤 냉동 보관하여 꺼내 쓰면 편리하다.

● 빨간색 – 백년초가루

손바닥선인장이라고 불리는 백년초의 열매는 진한 빨간색으로 분홍빛을 낼 때 주로 사용한다. 식이섬유, 철분, 무기질 등의 성분이 풍부해 건강과 피부에 좋다.

● 빨간색 – 비트가루

면역력 강화 및 항암 효과가 있고 토마토의 8배에 달하는 베타시아닌 성분과 붉은 색소 계열인 안토시아닌 성분이 들어 있어 우리 몸의 세포를 공격하는 활성 산소를 제거해 면역력을 강화, 종양을 제거하고, 암세포가 전이 및 증식되는 것을 막아주는 역할까지 하기 때문에 항암 효과까지 기대할 수 있다.

녹색 계열

- **초록색 – 녹차가루**

  꽃잎 등의 초록색을 표현하기 위한 색내기 재료로 주로 사용한다.

- **초록색 – 쑥가루**

  색내기뿐만 아니라 쑥 고유의 향 덕분에 떡을 만들 때 자주 사용되는 재료 중 하나다. 생으로는 섭취하기 힘든 쑥을 말린 후 가루로 만들어 이용하면 매우 편리하며, 가루는 밀폐용기에 담아 보관한다. 쑥과 궁합이 좋은 재료로는 쌀이 있다.

- **초록색 – 파래가루**

  파래를 말려 이물질을 골라낸 다음 분쇄기에 갈아 만든 가루. 굵은 가루는 고물로, 고운 가루는 쌀가루에 섞어 반죽해 사용한다.

검은색 계열 외

- **검은색 – 흑임자가루**

  흑임자를 씻은 후 타지 않게 볶아 가루로 내어 사용한다.

- **천연 블루**

  레진 : 레진을 사용하면 좀 더 선명하게 색을 표현할 수 있다.

  냉동퓨레 : 채소나 과일을 갈아서 걸러 낸 것으로 베이킹 재료 전문점에서 구입할 수 있다.

  과일청 : 과일에 설탕이나 꿀을 넣어 재워 만든 것으로 제철과일로 과일청을 담가 사용하면 좋다.

떡 케이크

백설기

백일, 돌 등에 잔치가 있을 때 손님 선물용으로 애용되는 백설기. 소금을 넣고 빻은 쌀가루에 물과 설탕을 넣어 체에 내려 찐 떡으로 가장 기본이 되는 시루떡이다.
다양한 꽃을 짜서 기념일에 선물을 하는 등 다양한 떡 케이크에 응용되고 있다.

❶ 재료를 세팅하고 쌀가루를 체에 쳐서 준비하다.
❷ 쌀가루에 물을 섞어서 손으로 잘 비벼 쌀가루에 수분이 알맞게 스며들게 한다.
❸ 수분을 먹은 쌀가루를 주먹으로 쥐어서 3~4번 정도 던졌을때 부서지지 않으면 적당하게 반죽된 것이다.
❹ 중간체에 내린 후 설탕을 넣어 고루 섞는다.
❺ 김오른 솥에 20분 가량 찐 후 약불에서 5분 정도 뜸 들인다. 뚜껑을 열고 꼬치로 찔러서 흰가루가 묻어나지 않으면 익은 것이므로 불을 끈다.

흑임자 설기

멥쌀가루에 흑임자가루를 섞어 쪄낸 떡. 영양 가득하고 흑임자의 고소한 맛으로 여러 떡의 기본이 되며 떡에 기호에 따라 여러 가지를 올려 장식해 케이크처럼 즐길 수 있다.

❶ 멥쌀가루에 흑임자가루와 물을 넣고 섞어 잘 비벼서 중간체에 내린다.

❷ 설탕을 넣고 골고루 섞어 중간체에 내린다.

❸ 찜통에 시루 밑을 깔고 무스링을 올린 뒤 쌀가루를 안친 후 김 오른 물 솥에 올려 20분 가량 찐다.

앙금 플라워

동백꽃(Camellia)

깍지번호 #12, #104, #3

사용 재료

앙금, 비트가루, 단호박가루

사용 도구

짤 주머니, 커플러, 팁, 행주, 고무주걱

작업 순서

1. 꽃심을 짠다.
2. 꽃의 수술을 짠다.
3. 꽃잎 3장을 3등분하여 1/3 지점에서 교차하여 짠다.
4. 꽃잎을 팁과 네일을 동시에 돌리면서 팁을 업다운하여 짜준다.
5. 마지막 3장을 ❹와 동일한 방법으로 균등하게 짠다.

장미(Rose)

사용 재료

앙금, 백년초가루, 블루베리가루

사용 도구

짤 주머니, 커플러, 팁, 행주, 고무주걱

작업 순서

❶ 꽃심을 짠다.
❷ 팁을 한바퀴 돌려 짜서 꽃잎 한 잎을 짠다.
❸ 꽃잎 3장을 짠다.
❹ 꽃잎과 꽃잎 사이에 꽃잎 5장을 짠다.
❺ 팁의 각도를 조절해가며 꽃잎을 교차하여 7장을 짠다.
❻ 팁의 각도를 더 벌려가며 9장으로 완성한다.

깍지번호 #12, #104, #150

라넌큘러스 1(Ranunculus)

깍지번호 #12, #104, #150

사용 재료

앙금, 녹차가루

사용 도구

짤 주머니, 커플러, 팁, 행주, 고무주걱

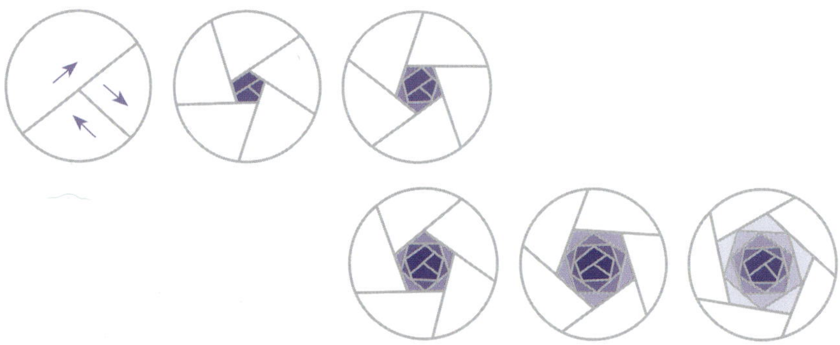

작업 순서

❶ 꽃심을 짠다.
❷ 교차점이 나올 수 있도록 3등분하여 짠다.
❸ 교차점을 가운데로 5각형이 나오도록 짠다.
❹ 5각형을 반복하여 볼륨감 있는 꽃잎을 만든다.
❺ 5장의 잎으로 완성한다.

라넌큘러스 2(Ranunculus)

깍지번호 #12, #104

사용 재료

앙금

사용 도구

짤 주머니, 커플러, 팁, 행주, 고무주걱

작업 순서

1. 꽃심을 넓게 짜서 3각형의 수술을 짠다.
2. 5등분하여 잎을 짠다.
3. 똑같은 방법으로 5장의 꽃잎을 어긋나게 짜준다.
4. 꽃잎을 반복하여 짜서 볼륨감 있는 꽃을 만든다.
5. 짤 주머니에 2가지 색상을 넣어 그라데이션하여 완성한다.

국화(Mum)

깍지번호 #12, #81

사용 재료

앙금, 비트가루

사용 도구

짤 주머니, 커플러, 팁, 행주, 고무주걱

작업 순서

1. 꽃심을 작게 짠다.
2. 꽃잎을 베이스에 붙여서 마주보게 1cm 높이로 2개를 짠다.
3. 개수에 상관없이 둘러가며 잎과 잎 사이에 짠다.
4. 각도를 벌려주면서 볼륨감 있는 꽃을 만든다.

Tip

가운데 색상이 진하고 밖으로 갈수록 옅어지면 볼륨감과 생동감 있는 꽃을 만들 수 있다.

리본로즈(Ribbon Rose)

깍지번호 #12, #150

사용 재료

앙금, 비트가루

사용 도구

짤 주머니, 커플러, 팁, 행주, 고무주걱

작업 순서

1. 꽃심을 짠다.
2. 일정한 힘으로 똑같은 길이의 수술을 짠다.
3. 수술을 가운데 위치하도록 하고 균일한 힘으로 꽃잎을 한 바퀴 돌려 짠다.
4. 꽃잎을 반복하여 돌려 짜서 꽃을 완성한다.

아네모네(Anemone)

깍지번호 #150, #3

사용 재료

앙금, 코코아가루

사용 도구

짤 주머니, 커플러, 팁, 행주, 고무주걱

작업 순서

❶ 꽃잎이 1/3 겹치게 5장의 꽃잎을 짠다.
❷ 5장의 꽃잎 위에 작은 꽃잎 3장을 짠다.
❸ 짙은 색으로 수술을 짜서 꽃을 완성한다.

폼폰국화(Pompon Chrysanthemum)

사용 재료

앙금, 클로렐라가루

사용 도구

짤 주머니, 커플러, 팁, 행주, 고무주걱

작업 순서

❶ 꽃심을 작게 짠다.
❷ 가운데서 시작하여 꽃잎을 짜서 팁으로 살짝 밀어 접는다.
❸ 똑같은 방법으로 팁의 각도를 조절해가며 반복해서 돌려준다.
❹ ❺ 밖으로 갈수록 색상의 변화를 주면 볼륨감 있는 꽃잎을 짤 수 있다.

작약(Peony)

깍지번호 #12, #104

사용 재료

앙금, 비트가루

사용 도구

짤 주머니, 커플러, 팁, 행주, 고무주걱

작업 순서

❶ 꽃심을 짠다.
❷ 짧은 꽃잎을 반복하여 짜서 찢어진 작약의 자연스런 꽃잎을 표현한다.
❸ ❷를 가운데로 5장의 꽃잎을 등분하여 짠다.
❹ 두 가지 색상을 자연스럽게 섞어 꽃잎과 꽃잎이 교차하도록 짠다.
❺ 손가락에 힘을 줘서 주름진 꽃잎을 표현하고, 포물선을 그리며 반복하여 꽃잎을 짠다.

솔방울(Cone)

깍지번호 #12, #103

사용 재료

앙금, 코코아가루

사용 도구

짤 주머니, 커플러, 팁, 행주, 고무주걱

작업 순서

❶ 꽃심을 짠다.
❷ 두 색을 자연스럽게 섞어 간격을 맞춰서 솔방울을 짠다.
❸ 솔방울의 개수를 줄여가며 솔방울과 솔방울이 교차하도록 짠다.
❹ 중간 중간에 앙금을 짜서 일정한 높이를 만들어 준다.
❺ 완성한다.

Tip

깍지의 사이즈에 따라 다양한 크기의 솔방울을 표현할 수 있다.

수선화(Daffodil)

깍지번호 #12, #104, #3

사용 재료

앙금, 치자가루

사용 도구

짤 주머니, 커플러, 팁, 행주, 고무주걱

작업 순서

1. 꽃심을 짠다.
2. 깍지를 한 바퀴 돌려 짜서 꽃잎의 모양을 만들어 준다.
3. 4. 꽃잎을 겹치게 짜준다.
5. 6장의 꽃잎 가운데에 수술을 주름지게 한 바퀴 돌려 짜서 완성한다.

튤립(Tulip)

깍지번호 #123

사용 재료

앙금, 비트가루

사용 도구

짤 주머니, 커플러, 팁, 행주, 고무주걱

작업 순서

1. 꽃심을 높게 짠다.
2. 꽃심을 중심으로 한 바퀴 돌려 짜서 탄탄한 꽃심을 만든다.
3. 꽃잎을 등분하여 자연스럽게 짜준다.
4. 마지막 장을 겹쳐 짜서 꽃을 완성한다.

애플블라썸(Apple Blossom)

깍지번호 #104, #3

사용 재료

앙금, 비트가루

사용 도구

짤 주머니, 커플러, 팁, 행주, 고무주걱

작업 순서

❶ 꽃잎을 잎맥이 가운데 오도록 포물선을 그리며 짠다.

❷ ❸ ❹ 꽃잎수를 등분하여 늘려가며 짠다.

❺ 수술을 짠다. 수술의 개수에 따라 다양한 꽃으로 표현된다.

카네이션(Carnation)

깍지번호 #104, #3

사용 재료

앙금, 비트가루

사용 도구

짤 주머니, 커플러, 팁, 행주, 고무주걱

작업 순서

❶ 꽃심을 짠다.
❷ 곡선을 그려가며 짠다.
❸ 꽃잎과 꽃잎 사이에 각도를 주어 겹치지 않게 짠다.
❹ ❺ 같은 방법을 반복하여 볼륨감 있고 자연스런 카네이션의 꽃잎을 표현한다.

앙금플라워 응용

앙금플라워 응용

앙금플라워 응용

appendix

도안

Design

Happy

Happy
Birthday

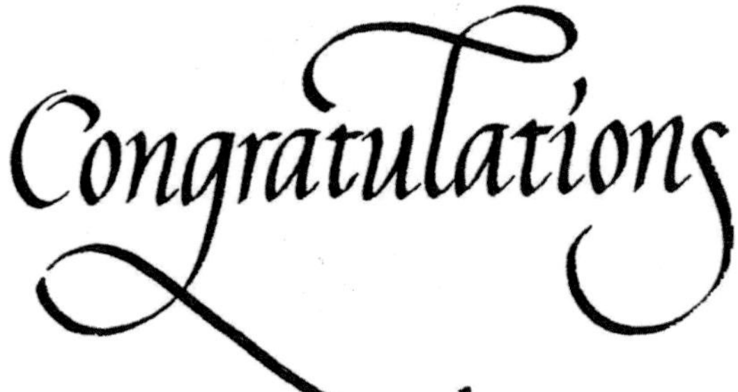
Congratulations

Merry Christmas

A Happy New Year

On your Wedding Day

St. Valentine's Day

May these roses perfume the air and give it a sweet rose-hue for you!

May these blossoms bring you eternal love and happiness

저자 소개

최두리

■ 학력

· (사)대한슈가크래프트협회 회장 소개
· 건국대학교 농축대학원 식품공학과 석사
· 일본 동경제과학교 양과자 · 빵 본과 3년 졸업
· Japan paddy cake house 수료

■ 경력

· 최두리케익공방 및 양수리 곽지원빵 공방운영
· 사단법인 (사)대한슈가크래프트협회 회장
· 대한민국 제과 기능장
· 2012대전세계조리사대회 슈가크래프트 부문 최우수상 그랑프리 수상
· 제14회 서울국제빵 · 과자경진대회 슈가크래프트 부문 최우수상 수상
· Coupe du monde de la patisserie 한국대표 케이크 부문 출전 단체팀상 수상
· 전국기능경기대회 기능올림픽 결승전 심사위원 4회

곽지원

■ 학력

· 건국대학교 경제학과 졸업
· 동경제과학교 양과자 본과,빵 본과 졸업
· 프랑스 벨루위 콩세유 제과학교 졸업

■ 경력

· 나폴레옹 제과점 공장장
· 곽지원 과자공방 경영 대표
· 건국 대학교 농축대학원 식품발효공학 석사학위
· 경기도 양평군 양수리로 곽지원 빵 연구소 개설
· 건국대학원 응용생물화학 박사과정 수료
· 곽지원 빵 공방 오픈(양수리 소재 ,대표)현재 경영중
· 현 고려 직업 전문학교 호텔 제과제빵과 석좌교수로 재직중

김수연

■ 학력

· 극동대학교 졸업
· 2010 동경제과학교 단기특별작업장수료

■ 경력

· 2010 bakrey fair 슈가크래프트 웨딩케익부문 동상수상
· 2011 전일본 슈가크래프트대회 장려상수상
· 2014 kyoto sugar art expo 최우수상수상
· 2014 korea food trend fair 케익전시부문 대상
· 2014 베이커리페어 & 서울 국제빵 · 과자페스티벌 슈가크래프트 웨딩케익부문 금상수상

김윤민

■ 학력

· 학력) 경기대학교 대학원 외식조리관리학과 (관광학박사)

■ 경력

· 현) 디지털 서울문화예술대학교 조리영양학과 교수(학과장)
· 전) 밀레니엄서울힐튼호텔
· 전) 스페이스 휴 대표이사
· 현) Best Western Korea 홍보대사
· 현) 사단법인 한국관광연구학회 이사
· 현) 사단법인 세계음식문화연구원 상임이사
· 현) 사단법인 한국조리사중앙회 대의원(교육분과)
· 현) 사단법인 한국조리학회 정회원.한국외식경영학회 정회원
· 향토식문화대전 교육부장관상, 서울국제요리대회 문화부관광장관상, 지역별 우수 향토음식 경연대회 농림부장관상, 서울 국제푸드 & 테이블웨어 박람회 한국관광공사장상, 향토식문화대전 한국관광공사장상 등 다수

김현석

■ 학력

· 일본과자전문학교 졸업.
· 미국 AIB Distance Learning 과정 졸업.
· 프랑스 LE CORDON BLEU 졸업.
· 한성대학교 경영대학원 호텔관광 외식경영학과 석사 .

■ 경력

· 2003년 제11회 서울 국제빵.과자대회 대형초코렛공예부문 최우수상.
· 2004년 한국 제과 기능장 취득.
· 식생활제과협회 이사.
· 조리교육학회 이사.
· 한국제과제빵교수협의회 이사.
· 김상엽제과제빵학원 부원장.
· 신한대학교 식품조리과학부 겸임교수.

소광훈

■ 학력

- 대한민국 제과 기능장
- 혜전대학교 제과제빵학과 졸업(학사)
- Applied baking technology 과정수료(A.B.T)

■ 경력

- 케이크까페 마고 암사동점(팀장)(주)현대 그린푸드 "베즐리"베이커리 압구정본점 (주)고려당 "포숑" 제과장근무
- (주) 롯데브랑제리 " 보네스뻬" 점장
- 현)한미제과제빵커피학원 청량리 본원 부장

신범주

■ 학력

- 경기대학교 일반대학원 외식조리관리학 전공 관광학 석사
- 동경제과학교 양과자 전공 졸업

■ 경력

- 썬메리제빵점 (일본근무)
- 베이커리 카페 리바노 팀장
- 동양요리제과제빵학원
- 한국조리사관직업전문학교 제과제빵 전임교수(현)
- 제과기능장

신숭녕

■ 경력

- 현재 한국관광대학교 호텔제과제빵과 교수
- 식품기술사
- 제과제빵 NCS 신직업자격 개발 책임연구
- 제과제빵 NCS 학습모듈 집필자
- 제과기능장 시험 출제위원 및 감독위원
- 제과사 제빵사 시험 출제위원 및 감독위원
- 전 한국관광대학교 학교기업 소장
- 전 제과제빵교수협의회 회장
- 현 제과제빵학회 부회장
- 디저트 이론 및 실습, 제빵이론 등 다수 저자

오병호

■ 경력

- 한국호텔직업전문학교 이사장
- 대한민국 최초 남자 조리&제과기능장
- 사회복지 평생교육학 박사
- 대한민국 제과명인
- 2002, 2004, 2010년 대한민국 국가대표 역임
- 사단법인 한국식생활제과협회 회장
- 사단법인 세계음식문화협회 명인회부회장
- SIBA 및 각종경연대회 심사위원장
- 세계조리대회 WACS 심사위원
- 외식업체 최초 명불허전 출연

유건희

■ 경력

- 한국호텔직업전문학교 교수
- (사)대한제과협회 학생기술지도위원
- 한국산업인력관리공단 직업진로지도 강사 (제과제빵)
- (주)Cafe maru 연구개발팀장
- 제41회 국제기능올림픽(영국런던) 제과직종 국가대표
- 대한민국 석탑산업훈장 수훈
- YOUTH HERO PRIZE AWARDS 진로부분 대상
- 아시아 푸드 페스티벌 설탕공예 부문 금메달
- 탑 오브 파티시에 인 아시아 국가대표
- WACS 배틀 오브 더 쉐프 설탕공예전시부문 금메달

윤성준

■ 경력

- (現)혜전대학교 제과제빵과 학과장
- (現)혜전대학교 제과제빵학과 학과장
- 이학박사
- (現)한국제과제빵학회 간사장
- (現)동아시아식생활학회 평이사
- Institute National de la Boulangerie Patisserie Diplome(Rouen, France)
- NCS 제빵능력 개발위원
- NCS 제과능력, 제빵능력 학습모듈 집필위원
- (現)한국제과기술향상협회 회장
- (前) Wal-Mart Korea H/O Bakery MD

저자 소개

이원석

■ 경력

- 경기대학교 관광대학원 외식산업경영전공 박사
- 밀레니엄 서울힐튼호텔 Bakery Pastry Chef 근무
- 한국산업인력관리공단 제과/제빵기능사 실기시험 감독위원
- 2006 MLA Black Box Culinary Challenge 우승(금메달) 및 Best Main Course 수상
- 2013 .2014 대한민국 국제요리대회 금메달
- 2014 Korea Food Trend Fair 우수지도자상
- 2015 대한민국 국제요리대회 Live 대상(통일부 장관상)/우수지도자상(모범상)
- NRA 미국식품위생관리사
- 백석문화대학교, 백석예술대학교 겸임교수/ 경기대학교 외래교수
- 現) 경민대학교 호텔외식조리과 교수

이재동

■ 학력

- 경기대학교 일반대학원 외식조리관리학 전공 관광학 석사
- 경기대학교 일반대학원 외식조리관리학 박사 재학 중

■ 경력

- FAUCHON(포숑) 제과장 및 R&D 팀장
- 제과 기능장 자격증, 제과제빵 식품위해관리요소 자격증
- 산업인력공단 제과 기능사 및 제과 기능장 심사위원
- (사)대한제과협회 한국국가대표 선발전 조직위원
- (사)대한제과협회 기술 분과위원
- (사)한국제과기능장협회 강남지회 지역이사 및 편집위원
- (현)인천재능대학교 호텔외식조리학과 겸임교수

이재진

■ 학력

- 경희대학교 조리과
- 경기대학교 대학원 외식조리관리(박사)

■ 경력

- (주)쉐라톤워커힐호텔 제과부
- 한국산업인력공단 제과기능장및기능사 실기시험감독위원
- (現) 한국관광대학교 호텔제과제빵과 교수
- 제과제빵과학, 베이커리경영, 베이커리기업의경쟁력평가모델개발외 다수

이정원

■ 학력

- 경기대학교 일반대학원 외식조리관리학 전공 관광학 석사

■ 경력

- 윈도우베이커리(주재근)
- SPC그룹 파리크라상
- 제과,제빵기능사 시험감독
- 아마폴라델리
- 전주대학교 외래교우송대학교 초빙교수(현)
- 제과기능장

이정훈

■ 경력

- 건국대학교 공과대학 미생물공학과 졸업(학사)
- 인하대학교 화학공학과 졸업(이학석사)
- 건국대학교 농과대학 응용생물화학과 졸업(이학박사)
- (주) 삼립식품 연구소 15년 근무
- 미국제빵학교(AIB) 졸업
- 혜전대학 제과제빵과 겸임교수
- 현재 신안산대학교 호텔조리과 교수
- 제과명장 심사 4회
- 지방 및 전국기능경기대회 실기 출제위원 및 심사위원
- 국가기술자격 제과제빵 기능사, 제과 기능장 필기 및 실기시험 출제 및 감독위원
- 저서 : 식품 위생학, 최신제과제빵실무, 제과제빵학원론, 제과제빵 기능사 문제집, 베이커리 경영론 등

이준열

■ 경력

- 대한민국 제과 1호 명인
- 대한민국 제과 기능장
- 경희대학교 조리외식경영학 박사
- 메리어트호텔 제과장 역임
- 창신대학교 호텔조리과 교수역임
- 현) 서정대학교 호텔조리과 교수
- 현) 서정대학교 평생교육원 원장
- 제과기능장 심사위원
- 대한민국 제과명장 심사위원

이진

■ 학력

· 경기대 외식경영 석사
· 경기대 외식조리관리 박사

■ 경력

· 현 천안연암대학 제과제빵 전공 교수
· 쉐라톤 그랜드 워커힐 호텔 베이커리 근무
· 한국제과제빵교수협의회 부회장
· 한국 조리학회 이사
· 한국관광연구학회 이사
· 조리교육학회 학술이사
· 전국기능경기대회 심사위원
· FFK 전진대회 심사위원
· 한국산업인력공단 심사위원

이현

■ 학력

· 경기대학교 일반대학원 관광학 박사 (외식조리관리학)
· 미국Unlv(University of Nevada Las Vegas)수료
· Cia(The Culinary Institute America)수료
· 일본 동경제과학교 빵 양과자 화과자 부문 수료
· 나오미 야마모토 슈가크래프트 스튜디오 수료

■ 경력

· 2012대전세계조리사대회 슈가크래프트 부문/웨딩케익부문 금상.동상수상
· 2012 슈가크래프트 경연대회 은상수상
· 2013 제16회 서울국제빵 · 과자경진대회 슈가크래프트 부문 최우수상 수상
· 2015 Kobe Sugar art Expo 동상수상
· 충남대학교/경기대학교/천안연암대학/전주대학교/충청대학교 외래교수
· 현 다니엘앤코 대표

이희태

■ 경력

· 현) 수원여자대학교 제과제빵과 교수
· 취원지원센터 소장
· 창업보육센터장
· 한국제과제빵교수협의회 총무이사
· NCS교육과정 모듈개발 제과 대표개발진
· NCS기반 신자격 설계 개발(제과, 제빵, 떡)
· 한국조리기능인협회 상임이사
· 호서대학교 식품생물 공학과 이학박사
· 세종대학교 생명공학 식품공학전공 공학석사
· 중등교사 자격(식품 가공)
· 훈련교사 자격 (제과 제빵)
· 기능경진대회심사위원

조우철

■ 경력

· 현) Millennium seoul hilton hotel bakery
· 경기대학교 일반대학원 석사
· 경기대학교 일반대학원 관광학 박사 (외식조리관리학)
· 백석예술대학교 겸임교수
· 한국외식조리전문학교 외래교수
· 경주대학교 외래교수
· 향토식문화대전 교육부장관상 수상
· 영천한방음식경연대회 최우수상 수상
· 아시아 푸드 페스티벌 금상 수상
· Australia Black Box 동메달 수상
· 슈가크래프트대회 장려상 수상

최문실

■ 학력

· 이화여자대학교 졸업
· 용인대학교 교육대학원 석사
· 나카무라미와 살롱돌체 슈가크래프트 아카데미 수료
· 클레이케이크 지도사범 과정 수료
· 일본 동경제과학교 빵 양과자 화과자 부문 수료
· 나오미 야마모토 슈가크래프트 스튜디오 수료

■ 경력

· 2011 제15회 서울 국제 빵 · 과자 경진대회 케이크데코레이션 슈가크래프트 부문 최우수상(보건복지부장관상)
· 2012 대전세계조리사대회 슈가크래프트 부문 금상 수상
· 2012 슈가크래프트 경연대회 은상수상
· 2013 제16회 서울 국제 빵 · 과자 경진대회 케이크데코레이션 마지팬부문 최우수상

(가나다 순)

케이크 데커레이션 바이블

초판1쇄 인쇄 2017년 1월 5일
초판1쇄 발행 2017년 1월 10일

지은이 제과기능장 최두리 외
펴낸이 임 순 재

펴낸곳 한올출판사
등 록 제11-403호
주 소 서울특별시 마포구 모래내로 83(성산동, 한올빌딩 3층)
전 화 (02)376-4298(대표)
팩 스 (02)302-8073
홈페이지 www.hanol.co.kr
e-메일 hanol@hanol.co.kr

ISBN 979-11-5685-393-0